Rhea Powers

Reinkarnation

oder die Illusion der persönlichen Identität

Rhea Powers

Reinkarnation

oder
die Illusion der persönlichen Identität

ch. falk-verlag

Aus dem Amerikanischen
von Christiane Sautter

Redaktion: Ch. Falk

8. Auflage 1996

Umschlaggestaltung: Manuela Rosenkind

Foto von Rhea Powers
by Lillian Gilden

Satz: Indragni, Ascheberg-Herbern
Druck: Druckerei & Verlag Steinmeier, Nördlingen

Printed in Germany
ISBN 3-924161-31-3

Inhalt

Dieses Buch
widme ich
Frank Bantle (Gawain)
in Liebe und Anerkennung
auf allen Ebenen unserer Partnerschaft

Einleitung

Vergangene Leben sind eine Lüge. Es gibt keine vergangenen Leben. Es gibt keine „Vergangenheit". Es gibt keine „Zukunft". Die Zeit läuft simultan. Es gibt nur das Jetzt. Und das Jetzt. Und das Jetzt.

Doch auf unserer Entwicklungsstufe können wir mit der Gleichzeitigkeit der Existenz noch nicht umgehen, und so leben wir, als ob die Zeit linear wäre, als ob das Chaos des Seins chronologisch ablaufen würde. Natürlich mußten wir die Zeit erfinden, um eine physische Realität erfahren zu können. Ohne Zeit gibt es keine Materie. Das Hauptmerkmal der physischen Materie ist ihre Beständigkeit. Die Zeit erlaubt uns, eine Dimension zu erfahren, in der feste Formen existieren. Ohne Beständigkeit wäre keine Substanz möglich, und wir hätten keine Gelegenheit, eine solide Realität zu erleben. Deshalb erschufen wir die Zeit.

Unsere Wissenschaftler sagen uns, daß es keine feste Form gibt. Der kleinste Bestandteil der Materie besteht aus Raum. Die Meister haben uns viele Jahrhunderte lang gelehrt, daß wir in der Illusion eines festen, physischen Universums befangen sind. Es ist nicht fest. Es ist in Wahrheit Illusion. Es ist das Spielbrett, das wir uns für unsere menschliche Form zum Spielen ausgesucht haben. Einer der Parameter des Spieles ist die Zeit. Deshalb werden wir in diesem Buch die Zeit so behandeln, als ob sie real wäre, als ob deine Erfahrung im siebzehnten Jahrhundert „vor" deiner Erfahrung im zwanzigsten Jahrhundert läge, und nicht versuchen, uns mit der Wahrheit zu befassen. Die Wahrheit ist, daß ein anderer Teil deiner selbst in diesem Augenblick einen Körper im siebzehnten Jahrhundert manifestiert und daß du nur deshalb glaubst, daß du du bist, weil du gewählt hast, dich mit dem Teil deines Seins zu identifizieren, der sich als die Person manifestiert, die gerade dieses Buch liest.

Die Wahrheit oder das, was der menschliche Geist an Erfahrungen begrifflich erfassen und in Worte kleiden kann, ist, daß die Zeit keine Kontinuität hat. Sie besteht aus einer Reihe von Augenblicken, die so schnell aufeinanderfolgen, daß sie wie die Bilder eines Films nacheinander abzulaufen scheinen. Doch das stimmt nicht. Es gibt nur das „Jetzt“ und dann ein anderes „Jetzt“ und wieder ein neues „Jetzt“. In Wahrheit erschaffen wir unsere Realität Augenblick für winzigen Augenblick. Jeder von uns macht seinen eigenen Film. Wir können den Film an jeder beliebigen Stelle trennen und so die Realität, die wir erschaffen, völlig verändern. Das ist der Grund, warum Wunder geschehen können. Wenn ein Wesen genügend Meisterschaft hat oder wenn ein Mensch das von einem anderen glaubt, kann in diesem Augenblick eine neue Realität geschaffen werden. Die Lahmen stehen auf und gehen — der Taube kann plötzlich hören, wenn er daran glaubt, daß es möglich ist. Der Film kann geschnitten werden.

Wir haben eine Realität erschaffen, in der Armut, Krieg, Krankheit und Hunger existieren. Wir haben diese Realität aufgrund einer Übereinkunft unseres kollektiven Unterbewußtseins erschaffen. Und wenn eine genügend große Anzahl von Menschen ihr Unterbewußtsein umprogrammiert (wenn wir beschließen, den Film zu schneiden), können wir diese Übereinkunft ändern und so eine neue Realität manifestieren. Wir können eine Realität erschaffen, in der Armut, Krieg, Krankheit und Hunger nicht existieren.

*****

Seit 1978 mache ich Reinkarnationstherapie. Ich selbst habe in vielen Inkarnationen an meinem Bewußtsein gearbeitet. Das Material, das ich in diesem Buch präsentiere, gründet sich auf meine Arbeit mit Tausenden von Klienten in Amerika, Europa und Australien. Dies ist kein wissenschaftlicher Bericht. Ich bin keine Diplompsychologin und keine wissenschaftliche Forscherin. Ich interessiere mich nicht für die Theorie, ob Reinkarnation eine wissenschaftliche Tatsache oder eine religiöse Überzeugung ist. Ich versuche nicht, irgend etwas zu beweisen oder dich von irgend etwas zu überzeugen. Ich will nur meine Beobachtungen mitteilen, um das weiterzugeben, was ich gelernt habe.

Wenn es irgend etwas in diesem Buch gibt, was dir wahr erscheint, was mit deinen Erfahrungen übereinstimmt oder auf deiner Bewußtseinsebene einen Sinn ergibt — das möchte ich mit dir teilen. Wenn das, was du auf diesen Seiten liest, zu diesem Zeitpunkt für dich nicht stimmt, dann vergiß es. Wenn es etwas ist, was du wissen solltest, wird es dir wieder begegnen. Dein eigenes höheres Bewußtsein wird dich unweigerlich zu jeder Situation, jeder Person, jeder Erfahrung führen, die deinem Erwachen dient. Du kannst dir selbst vertrauen. Du gehst dahin, wo du ankommen willst.

Du hast einen freien Willen. Du kannst nein sagen. Du kannst deine letztendliche Bestimmung nicht verändern.

Wir alle kehren zurück zum Licht. Wir gehen nach Hause. Die einzige wirkliche Wahlmöglichkeit, die wir haben, ist Kooperation oder Widerstand. Mit unserem freien Willen können wir den Fuß auf die Bremse stellen und uns aufhalten. Wir können uns gegen unser Schicksal wehren. Wir können dafür kämpfen, daß wir an dem hängenbleiben, was wir schon kennen, in unseren Konditionierungen, in unserem Umfeld, in dem sich unser Bewußtsein sicher fühlt — oder wir können weitergehen. Widerstand bedeutet Leid. Wenn wir weitergehen, erfahren wir Ungeschütztheit — und Lebendigkeit.

Ich habe erkannt, daß für mich die Arbeit mit Menschen ein Mittel ist, um an mir selbst zu arbeiten. Die Entwicklung von Techniken, Prozessen und Wahrheiten stellt meine eigene Entwicklung dar, mein Selbst in dieser Dimension authentischer auszudrücken. Ich bin den Tausenden von Klienten und Seminarteilnehmern dankbar, deren Mut, ihr wahres Selbst zu suchen, mir geholfen hat, mich zu entwickeln. Wir arbeiten immer nur an uns selbst. Ich habe herausgefunden, daß wir irgendwie schneller wachsen, wenn wir anderen dienen.

Ich weiß nicht, ob das, was in diesem Buch steht, die „Wahrheit" ist. Ich bezweifle, daß es „die Wahrheit" überhaupt gibt. Es gibt natürlich Wahrheiten, die auf den verschiedenen Stationen unserer Reise zu uns sprechen. Ich spreche so, als ob das, was ich sage, die Wahrheit wäre. Für mich ist es jetzt, beim Schreiben, die Wahrheit. Ich lade dich ein, dafür offen zu sein, das, was ich sage, als eine Möglichkeit zu betrachten. Ich lade dich ein, dein Leben und deine Erfahrungen beim Lesen dieser Seiten so zu betrachten, als ob das, was ich sage, wahr wäre. Ich lade dich ein, dich selbst anders wahrzunehmen und dich von diesem Buch berühren zu lassen.

Vielleicht glaubst du nicht an Reinkarnation. Das spielt keine Rolle. Ich verstehe das physikalische Gesetz nicht ganz, das dem Zellgedächtnis ermöglicht, sich von einem Körper auf den nächsten zu übertragen. Ich weiß auch nicht, wie die Erinnerung von einer Inkarnation auf die nächste übertragen wird. Ich weiß jedoch, daß wir unsere Realität von einem Augenblick zum anderen erschaffen. Die meisten von uns erschaffen diese Realität aufgrund ihrer Überzeugungen. Diese Überzeugungen haben wir uns aus anderen Leben, in denen wir unsere Erfahrungen auf der Erde sammelten, und aus der Zeit, bevor wir uns auf der Erde inkarnierten, zusammengesucht. Reinkarnationstherapie kann diese unbewußten Überzeugungssysteme bewußt machen, damit wir sie prüfen können, um sie gegebenenfalls loszulassen. Indem wir die unbewußten Muster loslassen, mit denen wir unsere gegenwärtigen Erfahrungen erschaffen, können wir uns von dem Automatismus dieser Muster befreien. Wir können uns von Karma befreien. Denn dann können wir wählen, welche Realität wir erschaffen wollen. Wir können den Film schneiden.

Wie immer die physikalischen Tatsachen der Reinkarnation auch sein mögen, ich weiß, daß wir uns fast alle an Erfahrungen aus anderen Leben anschließen und entdecken können, wie sie unsere gegenwärtige Realität beeinflussen. Ich habe in diesen Jahren genug über Reinkarnation gesehen, gehört und erfahren, daß ich daran glaube, doch beweisen kann ich es nicht. Als Theorie oder Überzeugung ist sie uninteressant. Doch das Bedeutende, das, was den Unterschied macht, ist, daß wir die Erfahrung machen, schon einmal gelebt zu haben. Wir haben Erinnerungen an andere Leben.

Viele Kulturen gründen sich auf den Glauben an Reinkarnation. Es gibt fünfhundert Millionen Buddhisten auf unserem Planeten, für die Reinkarnation eine grundsätzliche Tatsache ihres Lebens ist. Die tibetischen Buddhisten haben ihren Erdenweg so gut gemeistert, daß das Oberhaupt einer der großen Linien, der Karmapa, seinen Hauptlamas vor seinem Tod im September 1981 Briefe gab, in denen er ihnen sagte, wo und von wem er wiedergeboren werden würde. Wenn diese Briefe nach einem festgesetzten Zeitraum gelesen werden, können die Lamas losgehen und ihn zurück in sein Kloster bringen, damit die Linie weitergeführt wird. Dies hat er schon während seiner letzten sechzehn Inkarnationen so gehandhabt. Ich habe das Hauptkloster des Karmapa 1985 in Woodstock, New York, besucht. Sie arbeiten dort an den Wohnräumen, die der Karmapa für sich entworfen hat, bevor er seinen Körper verließ. Das Apartment wird bereit sein, wenn er zurückkommt.

Ich selbst habe mich immer zum tibetischen Buddhismus hingezogen gefühlt und habe den Karmapa 1980 getroffen. Als ich in Woodstock war, hatte ich eine Audienz beim Abt des Klosters und fragte ihn nach meiner Verbindung mit der Tradition. Er antwortete mir sehr vorsichtig und sehr schön. Ich war von seiner Antwort so bewegt, daß Tränen meine Wangen hinunterliefen ... und dann erst übersetzte der Übersetzer das, was er gesagt hatte, ins Englische. Der Abt hatte tibetisch gesprochen, doch ein Teil von mir hatte seine Antwort völlig verstanden.

Viele andere Erfahrungen haben mich dazu geführt, die Realität der Reinkarnation vollkommen anzunehmen. Ich hatte wiederholt Klienten, die während einer Rückführung mit Tatsachen und Personen agierten, von denen sie nichts wissen konnten. Zum Beispiel rief sich eine Klientin in den Zwanzigern aus Kalifornien das Datum und den Ort in ihrem letzten Leben in Neu England zurück, in dem sie bei einem Autounfall starb. Einige Monate nach der Sitzung fuhr sie zum erstenmal in ihrem Leben in diese Stadt, um den Bericht über ihren letzten Tod im Archiv der städtischen Zeitung zu lesen. Eine andere Klientin erlebte eine Inkarnation als eine unbedeutende französische Königin und sprach fließend französisch, obwohl sie in diesem Leben keinerlei Kenntnisse dieser Sprache hatte. Sie spielte das Band der Rückführung einem Freund vor, der fließend französisch sprach. Das, was sie gesagt hatte, war vollkommen sinnvoll und paßte genau in die Umstände der Geschichte, obwohl das Vokabular ein bißchen altertümlich klang.

Mein „Lieblingsbeweis“ stammt aus einer Rückführung, die ich mit meiner Freundin Cynthia machte, als sie eine Schauspielpremiere am Off-Broadway in New York hatte. Sie wollte etwas über ihre Beziehung zu einem der Schauspieler in ihrem Stück wissen. Als er für die Rolle vorgesprochen hatte, war er ihr bekannt vorgekommen, und sie fragte sich, warum. In dieser Rückführung ging sie zurück in das Jahr 1855. Sie war ein Stückeschreiber in London namens John Saunders. Der Schauspieler hatte in der glücklosen Produktion eines der Werke von Saunders mitgewirkt.

Nach der Rückführung suchten wir in jedem nur auffindbaren Lexikon nach John Saunders. Nirgendwo ein Eintrag. Es schien, als ob nichts ihre Informationen bestätigen konnte. Ein paar Monate später war Cynthia in London und wohnte im Pastoria Hotel am Leicester Square. Sie bemerkte, daß sich auf der gegenüberliegenden Straßenseite eine historische Bibliothek befand, und da sie sich an Saunders erinnerte, beschloß sie nachzusehen. Sie schaute die Mikrofilmkopien der Londoner Times von 1855 nach irgendeinem Hinweis auf den Stückeschreiber durch. Sie fand ihn. Sie sah nicht nur, daß alle Daten und die Familiengeschichte völlig mit dem übereinstimmten, was in ihrer Rückführung hochgekommen war, sie konnte sogar die Kritiken der Stücke lesen, die sie Ende des letzten Jahrhunderts geschrieben hatte. Diese Information hatte großen Einfluß auf ihr Schreiben und auf ihre Haltung sich selbst gegenüber als Schriftstellerin.

Es gibt viele Geschichten über Kinder in Indien, die sich an ihr letztes Leben erinnern und ihre erstaunten Eltern zurück zu ihrem „wirklichen" Zuhause bringen, ihre „wahre" Familie finden, ja selbst das Geld ausgraben, das sie unter den Dielenbrettern des Hauses versteckt hatten, bevor sie starben. Ich will hier nochmals sagen, daß es keine Rolle spielt, ob du wirklich schon einmal gelebt hast oder nicht. Es ist jedoch nützlich zu wissen, daß du Erinnerungen an frühere Leben hast und daß diese Erinnerungen dich heute beeinflussen.

Mein eigener Exkurs in vergangene Leben begann 1976, als ich mich spontan an vergangene Inkarnationen erinnerte. Am Tag zuvor hatte ich eine kraftvolle Rebirthing-Erfahrung gemacht, und ich schreibe es dem Rebirthing zu, mir die Tür zu meinen anderen Inkarnationen geöffnet zu haben. Ich glaube, daß das Geburtstrauma die Erinnerungen an die Dinge blockiert, die wir vor dieser Inkarnation erfahren haben. Wenn sanftere Formen der Geburt allgemeiner verbreitet sein werden, verhelfen wir vielleicht einer Generation zum Dasein, die sich leichter an ihre Ursprünge erinnert.

Ich lebte 1976 mit meiner Tochter auf einer Farm in Missouri und unterrichtete an der städtischen Highschool Englisch und Spanisch. Gerade hatte ich Werner Erhards *Est*-Training mitgemacht, das einen tiefen Einfluß darauf hatte, wie ich die Realität erfuhr. Ich hatte der Möglichkeit vorausgegangener Inkarnationen immer grundsätzlich offen gegenübergestanden, doch ich hatte nicht besonders viel darüber nachgedacht. Als ich meine erste spontane Erinnerung an ein früheres Leben hatte, wußte ich nicht, was geschah. Zuerst dachte ich an irgendeine Art mentalen Zusammenbruchs, und dennoch wußte ich zur selben Zeit, was gerade geschehen war — ich hatte nur Mühe, es zu glauben.

Ich habe die Einzelheiten dieser Erfahrung ausführlich in meinem Buch *Heimkehren ins Licht* beschrieben, deshalb werde ich hier nicht weiter darauf eingehen. Hier genügt es, wenn ich sage, daß ich meine Schüler aufgrund eines vergangenen Lebens auf eine bestimmte Weise behandelt habe. Als ich jene Erfahrung wieder erlebte, besserte sich meine Beziehung zu meinen Schülern dramatisch schnell.

Da diese Erinnerungen an vergangene Leben weiter an die Oberfläche kamen, begann ich, einige der Techniken, die ich im *Est* gelernt hatte, auf diese Erfahrungen anzuwenden. Ich begann, mich selbst zu fragen, welche Entscheidungen ich wohl getroffen hätte, wenn ich die Umstände, die ich in mir wachrief, jetzt gerade erlebt hätte. Ich sah, wie sich diese Entscheidungen in genau dem Bereich auf mein Leben auswirkten, den das spezielle frühere Leben ansprach.

Ich erinnerte mich an zwei Prinzipien des *Est*-Trainings: „Widerstand bewirkt Fortbestehen" und „Wiedererleben bewirkt Auflösen". Ich überlegte:

Wenn ich eine Erfahrung aus einem früheren Leben vollständig wiedererleben würde, voll die Angst fühlen und den Schmerz und den Ärger erleben könnte, dann müßte sich deren Einfluß auf meine Psyche auflösen. So gab ich mir selbst die Erlaubnis, völlig in diese Inkarnationserfahrungen einzutauchen, wenn sie an die Oberfläche meines Bewußtseins kamen. Manchmal war es nur ein kurzer Blitz, wenn ich jemandem in die Augen sah, der in mir eine Erinnerung daran wachrief, woher ich ihn kannte. Manchmal war meine eigene emotionale Reaktion auf eine momentane Situation so überzogen, daß ich wußte, daß ich mich in einer Reaktion aus einem vergangenen Leben verfangen hatte. Jedesmal, wenn ich mich selbst zurückführte, fühlte ich, daß sich mein Leben weitete. Irgend etwas veränderte sich oder fiel weg, und ich wurde immer ein bißchen freier von meinen eigenen Automatismen, ein bißchen weniger gesteuert durch den mechanischen Ablauf des Unterbewußtseins.

Mit der Zeit begann ich, einen anderen Teil der *Est*-Technik zu bedenken: den Unterschied zwischen Kontext und Inhalt. Ich war ganz klar in Berührung mit dem Inhalt früherer Leben gekommen, doch was war mit dem Kontext? Was war der höhere Sinn der Geschichte, an die ich mich erinnerte? Wenn ich die Fähigkeit habe, mir jede Realität zu erschaffen (was alle großen Lehrer bestätigen), warum habe ich mich dazu entschlossen, gerade diese spezielle Erfahrung für mich zu erfinden? Warum hatte mir mein höheres Bewußtsein diese Erfahrung beschert?

Buddha sprach über den Tathagata — den, der weder kommt noch geht — den Teil in jedem von uns, der jenseits der Wirren unserer Umstände, unserer Emotionen und unserer Gedanken steht, den Teil in uns, den die Zenbuddhisten „den Beobachter" nennen. Wir beziehen uns traditionsgemäß auf diesen Teil, wenn wir von unserem höheren Bewußtsein sprechen. Warum sollte unser höheres Bewußtsein eine Realität erschaffen, die Schmerz und Leiden einschließt? Ich begann, mein höheres Bewußtsein nach dem Kontext oder dem Sinn des Lebens zu fragen, an das ich mich gerade erinnerte. Die Antwort, die ich bekam, hatte oft wenig mit dem Inhalt der Geschichte, an die ich mich erinnerte, zu tun und noch weniger mit den Entscheidungen, die ich getroffen hatte und die jetzt meine gegenwärtigen Erfahrungen meiner jetzigen Realität erschufen.

Wie ich weiter mit meinen früheren Leben arbeitete, bemerkte ich, daß ich mich nicht mehr vor dem Tod fürchtete. Ich bemerkte auch, daß sich meine Haltung zu den Umständen dieses Lebens verändert hatte, denn ich wußte tief in meinem Herzen, daß man alles, was geschieht, noch von einer anderen Ebene aus betrachten kann. Ich begann, wirklich zu vertrauen, daß alles einen höheren Sinn hat. Zusätzlich bemerkte ich, daß ich mich selbst viel weniger ernst nahm. Die Erfahrung meiner Realität begann sich weit über meine Geschichte in diesem Leben auszudehnen.

Nachdem ich verschiedene frühere Leben wiedererlebt und diese Leben von einem höheren Bewußtseinszustand aus angeschaut hatte, der ich auch zu sein schien, begann ich, meine Identifikation mit mir als Rhea zu lockern. Wenn „ich" nicht wirklich der Krieger Dschingis Khans, der Künstler in Sevilla oder die Tochter des Senators in Griechenland war, dann war „ich" natürlich auch nicht die Geschichte dieses Lebens. „Ich" war nicht „mehr" Rhea, als ich einer von ihnen gewesen war. Wer war „ich" also? Meine eigenen Erfahrungen mit vergangenen Leben waren der Beginn für ein erweitertes Identitätsgefühl, und als eine spirituelle Lehrerin halte ich Rückführungen für ein ausgezeichnetes Mittel, um den Würgegriff des Ego auf das Selbst zu lockern.

Viele spirituelle Lehrer der östlichen Traditionen schlagen das eine oder andere Mantra vor (Mantras sind Sätze, die bewußt immer wiederholt werden, um die Gedanken zu kontrollieren und das Bewußtsein zu wandeln). Die einen empfehlen, bei allem, was man im Leben erfährt, „das nicht" (neti, neti) zu wiederholen. Das bedeutet, „der, der ich wirklich bin, ist nicht das", nicht dieser Schmerz, nicht diese Freude, nicht dieser Ärger usw. Die andern empfehlen das Mantra „auch dies", was bedeutet, daß das, was ich bin, dies auch mit einschließt, diese Eifersucht, diesen Segen, diesen anderen Menschen, diese Regierung usw. Beide Sätze dienen dazu, die eigene Identifikation über die begrenzte persönliche Identität auszudehnen. Wähle den Satz, der deiner persönlichen Einstellung am nächsten kommt, ausschließend oder einschließend, und beobachte, was mit deinem Bewußtsein geschieht, wenn du diesen Satz für ein paar Tage im Bewußtsein behältst.

Beide Möglichkeiten eignen sich zur Arbeit mit vergangenen Leben. Wenn du „nicht dieses" Leben oder irgendein anderes Leben bist — wer bist du dann? Wenn du „auch dieses" — dieses Leben und all deine anderen Leben — bist, wer bist du?

Mein Mann Prana und ich, wir leiten Workshops und Übungsgruppen, in denen wir unter anderem Reinkarnationstechniken anwenden. Wenn wir während eines langen Workshops mehrere Rückführungen machen, löst jede Rückführung ein ganz bestimmtes Muster auf und wirkt deshalb therapeutisch. Wenn wir Leute ausbilden, Channel (Kanal) zu werden, machen wir immer eine Rückführung in das Leben, in dem eine Blockade gegen die Aufgabe aufgebaut wurde, ein klarer Kanal Gottes zu sein. In so einem Fall gehen die Leute oft zu Erfahrungen zurück, in denen sie etwas Unpopuläres prophezeit hatten, dafür bestraft worden waren und gelobt hatten, dies nie wieder geschehen zu lassen.

Nach einigen Rückführungen frage ich die Teilnehmer, wenn sie noch im entspannten Zustand sind: „Wenn das, was du bist, nicht die Person ist, deren Leben du dir gerade angeschaut hast, dann bist du natürlich auch nicht die Person, die dieses Leben lebt. Wer bist du eigentlich wirklich?" Gewöhnlich gibt es eine ziemlich lange Pause, und dann fängt jemand an zu lachen — dann verstehen sie den Spaß — sie sind diejenigen, die alles inszeniert haben — sie sind die Schöpfer des Ganzen.

Als Seminarleiterin und Lehrerin ist das einzig Wertvolle, was ich tun kann, meine Erfahrungen mitzuteilen, nicht nur verbal, sondern indem ich versuche, Umstände zu schaffen, die es anderen erlauben, dieselben Erfahrungen zu machen. Ich persönlich glaube, daß der Wert der Verarbeitung eines früheren Lebens den therapeutischen Nutzen, den eine Rückführung haben kann, übersteigt. In dem Prozeß des Erwachens, in den alle zu Beginn des Neuen Zeitalters verwickelt sind, können Rückführungen unsere Identifikation mit der Illusion der physischen Realität lockern und so unsere Rückkehr nach Hause beschleunigen.

*****

Ich bat um ein paar Eingaben zum Thema vergangene Leben, und hier ist die Information, die ich gechannelt habe:

Als Menschen habt ihr gewöhnlich schon viele Inkarnationen in einer menschlichen Form erlebt. Ihr habt euch entschieden, die physische Realität zu erfahren. Ihr habt auch schon in anderen Formen gelebt. Ihr habt die Wahl getroffen, eine Reihe von Erfahrungen in physischer Form zu machen. Die physische Realität hat gewisse Eigenschaften, durch die sie bestimmt wird. Sie ist nur eine Realität. Es gibt viele andere Realitäten, in denen man ein individuelles Bewußtsein erfahren kann.

Als Wesen habt ihr entschieden, eine bestimmte Folge von Erfahrungen zu durchlaufen, die nur in einer Form möglich sind. Die Realität, die mit dem Planeten Erde verknüpft ist, ist einzigartig. Es ist eine Realität, in der Dualität existiert. Ihr habt eine Realität der Gegensätze. Ursprünglich war das als Experiment gedacht, als eine Möglichkeit unter Millionen Möglichkeiten. Doch das

Experiment Dualität kristallisierte. Während dieser Kristallisation verlor es die Eigenschaft, ein Experiment zu sein, und wurde zu einer fixen Realität.

Viele andere sahen dieses Potential, und sie schickten Abgesandte auf die Erde, um die Möglichkeit der Einheit aufrechtzuerhalten. Diese Wesen leben in einer Form, um das Licht der Wahrheit zu bringen und zu teilen. Es war notwendig, daß diese Wesen die Erfahrungen machten, die mit dem Kreislauf der physischen Realität verbunden waren, den die anderen Wesen auch erlebten. Es war für diese sogenannten Lichtarbeiter notwendig, das Experiment der physischen Realität und besonders das der Dualität zu teilen, die in der physischen Realität der Erde existiert. Die Wesen kristallisierten ebenfalls. Der Schmerz der Trennung und das Leid aufgrund der Dualität beeinflußte sie und bewegte sie dazu, einige Aspekte ihres Bewußtseins abzuspalten, um sich selbst vor der Erfahrung ihres eigenen Kummers zu schützen. Wenn sie zu ihrem wahren Bewußtsein erwachen, wird diese Kristallisierung aufbrechen, und viel von diesem Schmerz wird an die Oberfläche dringen. Das kann schwierig werden. Es spricht für das Maß ihrer Liebe, daß sie willens waren, den Schmerz genauso zu erfahren, wie die, die sie führen wollten.

Kapitel 1

Karma

Karma existiert nicht unabhängig von uns. Es ist kein Gesetz außerhalb unserer selbst. Wir erschaffen es. Wir erschaffen es, indem wir uns mit dem Teil unserer selbst identifizieren, der eine Identität in dieser Dimension hat. Wir identifizieren uns mit den Handlungen, den Gedanken und Emotionen unserer physischen Maschine, und dementsprechend erschaffen wir unser Karma. Unser Selbst ist so rein und so unverletzbar integer, daß wir es nicht aushalten können, gegen diese Integrität zu arbeiten. Wenn wir etwas getan haben, was wir selbst nicht richtig finden, wollen wir es wiedergutmachen — wir wollen diese Handlung ausgleichen, und deshalb erschaffen wir Karma.

Das Prinzip des Karma können wir in der Wissenschaft finden: „Jede Aktion hat eine Opposition, eine genau gleiche Reaktion." Es kann in den traditionellen Religionen gefunden werden: „Wie du säst, so wirst du ernten." Es manifestiert sich in der goldenen Regel des Christentums: „Behandle einen anderen so, wie du willst, daß er dich behandelt" und wird zu „Laß die anderen dich so behandeln, wie du sie behandelt hast." Doch es ist unnötig. Wir müssen unser Karma nicht vollenden, wir müssen nur aufhören, uns mit dem Teil unserer selbst zu identifizieren, der in jener Dimension agiert, in der Karma existiert. Dieser Aspekt, diese Maschine sind wir nicht. Wir haben uns mit unserer Maschine identifiziert, doch wir sind sie nicht. In dem Augenblick, in dem wir aufhören, uns mit dem Teil unseres Selbstes zu identifizieren, der in dieser Dimension agiert; in dem Augenblick, in dem wir wissen, daß wir nicht der Körper, die Gedanken, die Meinungen oder Einstellungen sind, in dem Augenblick verlassen wir das Rad. In dem Augenblick, in dem wir die Erfahrung unserer selbst vom Handelnden zum Beobachtenden verändern — von der Handlung zur Energie hinter der Handlung —, sind wir frei. Deshalb haben alle Meister, die „das Rad" verlassen haben, die Meditation empfohlen. Meditation ist das beständigste und wirkungsvollste Mittel, um das eigene Selbst von der Maschine zu lösen, durch die wir in dieser Dimension agieren.

Wenn du nicht schon regelmäßig meditierst, dann fang jetzt damit an. Du mußt nicht geübt sein. Du brauchst kein „magisches" Mantra. Du brauchst keine besondere Technik. Sitze einfach. Sei bei dir. Nimm den Telefonhörer von der Gabel. Bitte die Leute, mit denen du zusammenwohnst, an die Wohnungstür zu gehen, wenn es klingelt, und dich nicht zu stören. Oder hänge ein Schild an die Tür. Nimm dir am Tag mindestens eine halbe Stunde Zeit, um zu sitzen. Versuche, nichts zu tun. Versuche nicht, eine blaue Perle oder ein weißes Licht zu sehen. Sitze einfach. Es ist ganz natürlich, daß dir Gedanken kommen, doch bemerke nur, daß sie da sind und lasse sie ziehen. Lasse dich nicht in die Gedanken verwickeln. Keine Verknüpfungen. Du weißt, manchmal zieht ein Gedanke vorbei, und dann hängen wir ihm nach und beginnen, ihn auf alle möglichen Weisen anzuschauen. Bald fügen wir andere Gedanken dazu: „Gut, wenn das so ist, dann ..." bis wir ein ganzes

Gebäude errichtet haben und eine Realität erschaffen, die dann automatische Antworten unserer emotionalen Maschinerie auslöst. Bald sind wir vollständig in der Realität gefangen, die wir durch die Verknüpfung unserer Gedanken geschaffen haben. Zum Beispiel mag der Gedanke „Ich bin hungrig" vorbeiziehen, dem wir einen Gedanken hinzufügen, wie „Was werden wir zu Mittag essen? Ich könnte Lassagne machen. Meine Schwiegermutter hat meine Küche nie geschätzt. Tatsächlich findet sie nichts gut, was ich mache. Sie hat mir noch nie etwas Nettes gesagt."

Und schon haben wir uns in unseren Emotionen über unsere Schwiegermutter verfangen. Das bedeutet Verknüpfen.

Wenn du meditierst, dann verknüpfe nicht. Wenn ein Gedanke auftaucht, bemerke ihn nur. Füge nichts hinzu und unterdrücke ihn nicht. Lasse ihn einfach vorüberziehen. Wenn du dich in deinen Gedanken verfangen hast, dann stelle fest, daß du dich verfangen hast, beobachte die Gedanken und lasse sie gehen. Verurteile dich nicht — das wäre nur ein weiteres Verknüpfen. Bemerke die Gedanken, die physischen Sensationen, die Emotionen, die Einstellungen und lasse sie gehen. Das bist du nicht. Du schaust nur zu.

Du bist auch nicht deine vergangenen Leben. Noch bist du derjenige, der dieses Leben lebt. Du bist derjenige, der all deine Leben gleichzeitig beobachtet. Du bist derjenige, der das Spiel erschafft. Nur ein ganz kleiner Aspekt dessen, was du wirkich bist, agiert gerade in dem Akt des Spieles, das auf dem Spielbrett der physischen Realität stattfindet.

Wenn du sitzt, wirst du fähig werden, den Unterschied

zwischen dir selbst und deiner Maschinerie zu erleben. Dann wirst du fähig sein, die Verantwortung für eine Maschine zu übernehmen, ohne dich mit ihr zu identifizieren.

Das ist das Ende aller philosophischen Systeme. Letztendlich dient und diente die Philosophie nur dazu, das Selbst von der mechanischen Natur des Intellekts zu unterscheiden. Die Philosophie hat versucht, die Funktionsweisen des Intellektes zu begreifen, um das Selbst davon zu befreien. Die Philosophen wollten uns ein Unterscheidungssystem geben, das uns erlauben sollte, unser Selbst von den Funktionen unseres Intellektes zu unterscheiden. Sie wollten das Sein durch das Verständnis des Intellektes befreien. Indem sie ein Schaubild vom Gefängnis zeichneten, versuchten sie den Gefangenen, das Selbst, dafür frei zu machen, jenseits der Begrenzungen eines linearen Intellektes zu agieren.

Die Religionen wollten den Geist des Menschen dadurch befreien, daß sie seine Handlungen auf diejenigen einschränkten, die seiner ursprünglichen Integrität entsprachen. Dieses System hat seine Verdienste. Indem er in Übereinstimmung mit einem Kodex erlaubter und verbotener Handlungen lebte, der durch die Autorität der Religion abgesegnet war, wurde der Mensch fähig, seine Integrität zu leben und seinen Geist zu befreien. Dieses Befreiungssystem funktioniert bis zu einem gewissen Grad. „Freiheit durch Disziplin" hat ihre Verdienste. Viele konnten einen gewissen Grad von Freiheit erfahren, indem sie diszipliniert lebten. Dieser Weg hat jedoch seine Grenzen, weil er uns nicht erlaubt, die Ganzheit unseres Selbstes zu umfassen. Anstatt sie zu umfassen und in

Einklang mit allen Aspekten unserer selbst zu sein, müssen wir den Ausdruck unserer Fülle auf die Handlungen beschränken, die mit den Richtlinien einer äußeren Autorität harmonieren. In den Systemen jeder traditionellen Religion finden wir das Prinzip der Freiheit durch Einschränkung. Das funktioniert, doch nur bis zu dem Grad, wie wir erfolgreich nur Teilbereiche unserer Ganzheit leben.

Ich spreche nicht nur vom traditionellen Christen- und Judentum. Die östlichen Religionen, besonders der Zenbuddhismus, fallen auch unter dieses System. Oft führt Freiheit durch Einschränkung zu Unterdrückung, und das Unterdrückte muß dann an einer anderen Stelle wieder an die Oberfläche kommen.

Jede Form von Entsagung, die man sich durch einen Akt persönlichen Willens aufzwingt, anstatt etwas frei gehen und sich natürlich vollenden zu lassen, wird später wieder an die Oberfläche kommen — wenn nicht in diesem Leben, dann in einem anderen. Der Mönch, der seine natürlichen sexuellen Bedürfnisse unterdrückt, um sein Gelübde zu erfüllen, und so die Früchte des Unterdrückungssystems ernten will, wird später viele Leben lang die Sexualität mißbrauchen, um sein eigenes persönliches System auszubalancieren.

Unglücklicherweise hinterläßt sowohl die Unterdrückung wie auch die Gegenreaktion, der Mißbrauch der Sexualität, Narben. Entscheidungen, die man unter beiden Umständen getroffen hat, schaffen Programme im Unterbewußtsein, die als Konflikte in der gegenwärtigen Realität erscheinen. Die Spannungen, die durch die Auswirkungen der Keuschheitsgelübde geschaffen werden („Ich kann meine Sexualität nicht ausdrücken, weil sie schlecht ist. Ich habe Gott versprochen, daß ich es nicht tun werde."), und die Schuldgefühle aus den Leben des sexuellen Mißbrauchs, um die Unterdrückung auszubalancieren („Ich habe meine Sexualität ausgedrückt, und das war falsch, deshalb sollte ich bestraft werden.") verhindern den natürlichen Fluß der gegenwärtigen sexuellen Energie.

Die Natur sucht die Balance. Solange wir innerhalb der Gesetze des physischen Universums operieren, wird unsere Maschine automatisch die Balance suchen, und wir werden weiterhin das Phänomen Karma erschaffen.

Die Psychologie hat versucht, uns zu befreien, indem sie unsere Emotionen analysiert hat. Durch das Verständnis der emotionalen Bestandteile versuchen die Psychologen, das Individuum von den einschränkenden Verhaltensmustern zu befreien, die die persönliche und emotionale Antwort auf das Leben sind. Traditionelle Psychologen schauen in die Vergangenheit eines Individuums, um die Quelle eines Musters aufzudecken. Dann bringen sie Bewußtsein und Einsicht in diese ursprüngliche Erfahrung, die das Muster auslöste, und machen das Individuum frei, spontan auf jedes Ereignis im Leben zu antworten — statt durch den Filter eines vergangenen Traumas.

Oberflächlich gesehen, arbeitet die Reinkarnationstherapie nach denselben Prinzipien: Spüre die Quelle für ein mechanisches Verhaltensmuster auf, erlebe die Umstände, die dieses Muster auslösten, noch einmal und befreie das Individuum von der Programmierung der Vergangenheit. Die Grenzlinie zwischen traditioneller Psychotherapie und Reinkarnationstherapie gleicht stark der „Henne — Ei"-Situation — was kam zuerst?

Ein Psychologe würde sagen, daß ein Mensch seine persönliche Kraft unterdrückt, weil seine Eltern übermächtig und unterdrückend waren. Jedesmal, wenn das Kind versuchte, sich selbst auszudrücken, zerschlugen die Eltern seine Spontaneität durch Tadel, Schläge oder andere Formen der Mißbilligung und Zurückweisung, so daß das Kind sein Verhalten änderte und sich nur noch in dem beruhigenden Bereich aufhielt, den die Eltern akzeptierten. Dieses Verhaltensmuster, das dem Kind erlaubte, die Auseinandersetzungen mit seinen Eltern zu überleben, wird der Erwachsene bei seinen Interaktionen weiter anwenden.

Ein Reinkarnationstherapeut würde annehmen, daß ein Individuum, das in einem anderen Leben Angst vor seiner eigenen Kraft hatte, sich in diesem Leben Eltern aussucht, die diese Kraft unterdrücken. Wenn wir Angst davor haben, was wir tun würden, wenn wir unser „wahres Gesicht" zeigten, werden wir uns mit Leuten umgeben, die uns dabei helfen, daß das bestimmt nie geschieht. Wenn wir uns dann sicher genug fühlen, ohne die Einschränkung unseres eigenen Ausdrucks zu leben, werden wir gegen diejenigen rebellieren, die wir dazu gebraucht haben, uns zu unterdrücken. Wir vergessen, daß *wir* ihnen diesen Platz angewiesen haben. Wir beschuldigen unsere Eltern, weil sie uns so behandelt haben, wie sie uns behandelten, und vergessen, daß *wir* sie ausgesucht haben. Wir beschuldigen unseren Liebhaber, unseren Ehepartner, Chef oder Freund, uns zu unterdrücken, und wir weigern uns zu erkennen, daß wir sie in unser Leben gebracht haben und sie dort auch festhalten. Wir sind keine Opfer.

Meistens wählen wir uns unsere Eltern in diesem Leben so aus, daß sie Gedanken, die wir in anderen Leben über uns selbst gedacht haben, verstärken. Ich kann Kindesmißhandlungen in keiner Form billigen, doch ich weiß, daß wir uns selbst in Situationen bringen, in denen wir bestraft werden, wenn wir glauben, bestraft werden zu müssen.

Ich erinnere mich an eine Klientin namens Annie, die in unserer ersten Sitzung dasaß und all die Dinge beschrieb, die die Männer ihr angetan hatten. Ihr Vater und ihr Onkel hatten sie über einen Zeitraum von mehreren Jahren sexuell mißbraucht. Sie wurde zweimal auf der Straße vergewaltigt. Ihr letzter Freund hatte sie geschlagen, die Arme! Diese großen, schlechten Männer waren einfach schrecklich zu diesem süßen, unschuldigen Opfer! Natürlich führte ich Annie in das Leben als Mann zurück, in dem sie am meisten Frauen mißbraucht hatte. Sie erzählte eine schaurige Geschichte von sadistischen Ausschreitungen bei den Orgien der schlimmsten Epoche der römischen Geschichte. In der Rückführung erkannte sie ihren Vater, ihren Onkel und ihren Exfreund. Annie übernahm die Verantwortung für ihre Handlungen. Sie erkannte sie und vergab sich. Sie verstand, wie ihre Entscheidung über „sich selbst" in dieser grausigen Geschichte die Erfahrungen in diesem Leben angezogen hatte. Als sie dann ihr eigenes höheres Bewußtsein fragte, sah sie, daß sie diese Erfahrung gewählt hatte, um die größten Extreme der Dualität zu erleben, und daß jeder Mensch, den sie (als der verkommene römische Soldat) in dieser Geschichte mißbraucht hatte, diese Erfahrung zu seinen eigenen Zwecken gewählt hatte. Annie erkannte, daß sie die Ereignisse dieses Lebens gewählt hatte, um für „ihren" Mißbrauch an Frauen zu bezahlen, und da sich diese Frauen diese Erfahrung selbst ausgesucht hatten, mußte sie sich nicht länger für etwas bestrafen, wozu alle eingewilligt hatten. Sie war nicht nur fähig, ihrem Vater und ihrem Onkel zu vergeben und sie loszulassen, sie erkannte, daß sie jetzt bereit war, eine liebevolle, unterstützende Beziehung zu einem Mann einzugehen.

Das *Tibetanische Totenbuch* ist ein alter Text, den tibetische Mönche jahrhundertelang verwendet haben, um das Bewußtsein ihrer Mitbrüder im Augenblick des Überganges, den wir Tod nennen, zu begleiten. Das Buch gründet sich auf die Erkenntnis, daß der Bewußtseinszustand, den ein Individuum im Augenblick seines Todes erlebt, sein nächstes Leben bestimmt. Tatsächlich handelt ein Teil des Buches davon, wie man im Augenblick seines Todes die Erleuchtung erlangen kann. Die Mönche werden gelehrt, das Bewußtsein ihres Bruders in dem Augenblick in „höhere" Bardos zu führen (wir würden sie spirituelle Ebenen jenseits der Astralebene nennen, in die wir normalerweise nach dem Tod eingehen), wenn das Bewußtsein den Körper verläßt, damit die Entscheidungen für das nächste Leben bewußter getroffen werden und der Mensch sich wacher wiederverkörpern kann. Dadurch wird es möglich, nichts von dem zu verlieren, was in diesem Leben an Bewußtsein erreicht wurde, und der Erleuchtung im nächsten Leben näherzukommen.

Der Buddhismus zielt darauf ab, Wünsche aufzulösen, denn die Wünsche ziehen uns in die Inkarnation zurück. Die Entscheidungen, die wir am Ende eines Lebens treffen, formen diese Wünsche, und wir kommen zurück, um sie zu erfüllen. Wenn wir entscheiden, daß wir bestraft werden müssen, werden wir zurückkommen und uns selbst die Erfahrung ermöglichen, bestraft zu werden. Wenn wir entscheiden, daß wir nicht genug Sex oder Essen oder Liebe bekommen haben oder daß unsere Arbeit noch nicht vollendet ist, werden wir zurückkommen und das vervollständigen, was nach unserem Urteil unvollständig ist.

Es gibt eine wundervolle Geschichte über Ramakrishna, die illustriert, wie Karma geschaffen wird und wie man auf dem Rad des Schicksals verbleibt. Ramakrishnas Ashram lag in Südindien. Einmal wachte er nachts um 4.00 Uhr auf und rief ärgerlich nach seinen Schülern. Er forderte, daß sie sofort in die Küche gehen sollten, um ihm eine Mahlzeit aus Chapatis und Dahl (traditionelle indische Mahlzeit) zuzubereiten. Er trieb sie ungeduldig an, während sie Feuer anzündeten, das Essen vorbereiteten und kochten. Dann aß er gierig und ging wieder zu Bett. Die Schüler waren sprachlos. Sie kamen zu dem Schluß, daß er einfach verrückt geworden sein müsse, besonders — als er am nächsten Tag das nächtliche Gelage überhaupt nicht erwähnte und sich so benahm, als ob nichts gewesen sei.

Zwei Wochen später kamen Boten aus einem Ashram im Norden, den Ramakrishnas Lieblingsschüler betrieben hatte. Die Boten brachten die traurige Nachricht, daß der Schüler vor zwei Wochen um 4.00 Uhr morgens gestorben war. Ramakrishna blieb völlig unbewegt, trotz der Nachricht. Seine Schüler regten sich über seinen scheinbaren Mangel an Interesse auf und befragten ihn darüber. „Ich wußte es schon“, antwortete Ramakrishna, „warum glaubt ihr, habe ich euch mitten in der Nacht gebeten, Chapatis und Dahl zuzubereiten? Als er starb, dachte er ans Essen, und ich wollte nicht, daß er eine Inkarnation vergeudet, nur um zurückzukommen und zu essen."

Wenn ein Wunsch nicht freiwillig aufgegeben wird, wenn eine Sehnsucht nicht erfüllt ist, bleibt sie bestehen und bindet uns an diese Realität. Wenn wir unsere Wünsche unterdrücken, werden wir zurückkommen, um uns zu vervollständigen, selbst wenn wir sie im Namen einer Religion (einschließlich des Buddhismus) unterdrücken. Das ist die Theorie hinter den Lehren der meisten tantrischen Lehrer. Bhagwan Rajneesh ermutigt seine Sannyasins (Schüler), ihre Wünsche auszuleben, um sie zu vollenden und über sie hinauszuwachsen. Es gibt die Möglichkeit, eine Begierde zu verbrennen, indem man völlig hineingeht, um auf der anderen Seite wieder herauszukommen. Andere Disziplinen trachten danach, die Wünsche zu transformieren. Gewisse Yogapraktiken versuchen, die sexuelle Energie über die Kundalini hochzubringen, und transformieren diese Energie zu einer Kraft, die die oberen Chakras öffnet. Ich glaube nicht, daß man jedes Bedürfnis ausagieren muß. Wenn du einen neuen Honda bekommst und erlebst, was ein neues Auto für dich bedeutet und was nicht, könntest du wohl dazu in der Lage sein, deinen Wunsch nach einem Ferrari aufzugeben. Wenn nicht, dann beschaffe dir deinen Ferrari, wenn du bereit bist, das zu tun, was du dafür tun mußt. Wenn nicht, lasse den Wunsch freiwillig los. Du mußt wahrscheinlich nicht mit jedem ins Bett gehen, den du anziehend findest, um deine Erfahrungen und den Ausdruck deiner Sexualität zu vervollkommnen. Nach einer Weile weißt du ziemlich genau, was dich erwartet, und vielleicht willst du die Konsequenzen oder Komplikationen nicht und ziehst es vor, nicht auf die Anziehung zu reagieren. Es gibt einen Unterschied zwischen Unterdrückung und Entscheidung.

Karma wird nicht von einem äußeren Gott geschaffen. Karma ist auch nicht Bestandteil eines universellen Naturgesetzes, wie etwa die Gravitation. Karma existiert, weil wir es so haben wollen. Wir sagen, daß wir böse waren und bestraft werden sollten. Und dann geschieht es. Es gibt keinen äußeren Gott, der über uns Gericht hält, wenn wir diese Ebene verlassen. Es gibt kein Komitee, das unsere Handlungen überprüft und uns bestraft oder belohnt. Das tun wir alles selber. Wir sind diejenigen, die über uns urteilen. Wir bestimmen, was uns in unserem zukünftigen Leben geschehen soll und was nicht, nicht ein strafender Gott oder ein äußeres System.

Immer wieder habe ich in Rückführungen am Ende eines Lebens den Klienten gefragt: „Was haben Sie entschieden, was sollte mit einem Menschen geschehen, der das getan hat, was Sie getan haben?" Immer hatten sie zuerst die Bestrafung im Sinn. Sie wissen, was ihnen geschehen „sollte": Sie sollten so leiden, wie sie andere leiden gemacht haben, sie sollten niemals mehr glücklich sein, niemals mehr Geld haben usw. usw.. Und so fahren sie fort, Leben zu erschaffen, in denen sie ihre eigene Bestrafung ausagieren. Die Strafe, die wir uns selbst auferlegen, ist viel härter als die Strafe, die uns ein anderer auferlegen würde. Wir erschaffen unsere eigene Realität auf jeder Ebene. Wir erschaffen unser eigenes Karma.

Wenn jemand übertriebene Angst vor Wasser hat, könnte man leicht denken, daß er in seinem vorigen Leben ertrunken ist. Wahrscheinlich ist das richtig. Es ist sogar möglich, daß er in mehreren Leben ertrunken ist. Jedoch ist seine Angst vor dem Ertrinken gewöhnlich nicht durch seinen eigenen Tod verursacht, sondern meistens an ein früheres Leben gekoppelt, in dem er das Ertrinken anderer Menschen verursacht hat. Vielleicht war er Kapitän auf See und hatte sich am Steuer betrunken, war mit dem Schiff auf einen Felsen gelaufen und hatte die Mannschaft verloren. Die Angst ist in Wahrheit seine Angst, sich mit dem zu konfrontieren, dessen er sich schuldig fühlt. Und dennoch, Karma ist eine Lüge. Diejenigen, die in dem Wrack starben, haben gewählt, ihr Leben zu diesem Zeitpunkt auf diese Weise zu beenden. Es war alles schon lange vorher abgesprochen, und es gibt keinen Grund, sich schuldig zu fühlen. Es gibt keine Opfer. Die beiden Emotionen, die uns Menschen am meisten begrenzen, sind Schuld und Angst. Schuld aus der Vergangenheit und Angst vor der Zukunft. Es gibt nur das Jetzt. Wenn die Vergangenheit und die Zukunft nicht existieren, sind Schuld und Angst auf Illusionen gegründet, denn beide implizieren, daß wir nicht Gott sind und daß es Fehler geben kann. Schuld und Angst existieren auf einer Bewußtseinsebene (und daher auch als Erfahrung, weil wir unsere Erfahrungen gemäß unserem Stand des Bewußtseins erschaffen), die nichts von der Vollkommenheit des Universums weiß.

Eine Klientin litt extrem an einer Morgenübelkeit während ihrer ersten Schwangerschaft im Alter von 34 Jahren. Sie war aktiv und sehr erfolgreich im Beruf und hatte das Kinderkriegen so lange hinausgezögert, bis sich ihre Karriere stabilisiert hatte. Sie wußte sehr gut, welchen Einfluß das Unterbewußtsein auf den physischen Körper haben kann, und dachte daher, daß ihre ungewöhnlich schwere Übelkeit durch einen Einfluß aus einem vergangenen Leben hervorgerufen sein könnte.

Wir machten eine Rückführung in das Leben, in dem die Quelle für die morgendliche Übelkeit zu finden war. Sie fand sich als Frau in einem alten Nomadenstamm wieder. Sie war schwanger, und ihr Zustand verlangsamte das Tempo der kleinen Gruppe, die in der dürren afrikanischen Steppe nach Nahrung suchte. Zuletzt ließ der Stamm sie zurück, und sie mußte ihr Kind allein und dem Hungertod nahe gebären. Ihre einzige Hoffnung war, den Stamm, die Jäger und die Beschützer, wiederzufinden. Sobald sie es vermochte, folgte sie seinen Spuren, den schreienden Säugling in den Armen. Ein Rudel wilder Hunde folgte dem Blutgeruch, den sie verströmte, und drohte, sie zu zerreißen. Verzweifelt warf sie ihnen das Baby zu und entkam. Sie fand ihren Stamm und erzählte den Leuten, daß das Baby tot geboren sei. Keiner erfuhr jemals ihr Geheimnis. Sie bekam in jenem Leben keine Kinder mehr und starb in dem Gefühl, als Frau und Mutter versagt zu haben.

Von ihrem höheren Bewußtsein aus sah sie, daß sie dieses Leben geschaffen hatte, um etwas über die Abhängigkeit der Menschen voneinander zu lernen, da sie in einem früheren Leben ziemlich isoliert gelebt hatte. Sie erkannte ebenfalls, daß dieses Leben ein Wendepunkt war. Sie inkarnierte sich im nächsten Leben als Mann, da „sie" einige Dinge tun wollte, die „sie" zu dieser geschichtlichen Epoche nur als Mann tun konnte. Ihr gegenwärtiges Leben war nach vielen Inkarnationen wieder ihr erstes als Frau. Das erklärte auch ihre Schwierigkeit, eine Frau zu sein. Sie hatte sich immer dabei wohl gefühlt, mit Männern als eine der ihren zu sprechen. Röcke, hohe Absätze und Make up waren ihr ein Geheimnis. Hosen, Hemden und lederne

Schnürschuhe fühlten sich „richtig“ an.

Dies war ihre erste Schwangerschaft nach dem Zusammenstoß mit den Hunden, und sie erinnerte sich an ihre Schuld. Die Übelkeit bezog sich direkt darauf, daß sie nicht „verdauen“ konnte, was sie getan hatte, und war ihre Art, sich selbst zu bestrafen. Von einer höheren Ebene aus gesehen gab ihr ihr Unterbewußtsein natürlich die Chance, sich zu vergeben und mit ihrem weiblichen Körper und ihrer Mutterschaft Frieden zu schließen.

Nach der Rückführung nahm ihre morgendliche Übelkeit beträchtlich ab, und obwohl sie noch leicht vorhanden war, wirkte sie nicht mehr lähmend. Jetzt ist sie eine glückliche, zufriedene Mutter und ein Erfolg in der „Männerwelt“.

Meine Freundin Susan aus Manhattan war bei ihrer ersten Schwangerschaft eine Woche überfällig. Sie war Choreographin, hatte die ganze Schwangerschaft hindurch hart gearbeitet und ihren Zustand kaum wahrgenommen. Jetzt konnte sie ihn nicht mehr länger ignorieren und erkannte, daß sie furchtbare Angst vor der Geburt hatte. Die Schwangerschaft war gut gelaufen, und sie und ihr Mann wollten das Kind — es war nur die bevorstehende Geburt, die ihr Angst machte.

Da Susan erkannte, daß ihre Angst die Geburt verzögern könnte, bat sie mich, mit ihr zu arbeiten. Wir machten eine Rückführung und gingen zurück zur Quelle ihrer Angst. Wenn ich mit einer schwangeren Frau arbeite, nehme ich mir in der Entspannungsphase jedesmal die Zeit, den Uterus mit einem schützenden Licht zu umgeben, und die Mutter und ich stimmen uns auf das Bewußtsein des Kindes ein und erklären ihm den Prozeß, daß es der Mutter gut geht und daß sich das Kind keine Sorgen über die Emotionen machen soll, die die Mutter erlebt. Meine eigenen Erfahrungen als Rebirtherin stellen außer Zweifel, daß der Fötus alles weiß, was während einer Schwangerschaft geschieht. Susan ging zu dem letzten Leben zurück, in dem sie eine Mutter war. Sie war jung und allein, als sie ihr erstes Kind in den Ruinen eines vom Krieg verwüsteten Dorfes gebar. Die Geburt war schwer, schmerzhaft und furchterregend für das 13 Jahre alte Mädchen, das von den Soldaten vergewaltigt worden war, die ihr Volk besiegt hatten. Das Kind wurde tot geboren, und sie selbst verblutete kurze Zeit später. Dies war die Quelle ihrer Angst und der Schuld, denn sie hatte sich für den Tod des Babys verurteilt und beschlossen, daß sie nicht verdiente weiterzuleben.

Am Ende der Rückführung bat ich meine Freundin, mit dem Bewußtsein ihres Babys Kontakt aufzunehmen und ihm von ihrer Angst zu erzählen. Das Bewußtsein des Kindes antwortete: „Entspanne dich einfach und überlasse alles mir. Folge meiner Führung — ich weiß viel mehr über das Gebären als du. Ich bin schon viel öfter geboren worden, als du geboren hast."

Vierundzwanzig Stunden später gebar eine entspannte Susan nach vier Stunden leichter Wehen eine hübsche, gesunde Tochter.

Es ist unglaublich, wie arrogant die Schuld ist. Schuld gründet sich auf den Glauben, daß wir einander verletzen können. Als ob ein Gott verletzt werden könnte! Viele sind bereit zu akzeptieren, daß wir unsere eigene Realität erschaffen, doch wir vergessen, daß das die anderen genauso betrifft. Wir vergessen, daß sie genauso entscheiden, was ihnen geschieht, wie wir. Noch nie haben wir einen anderen verletzt (die Quelle der Schuld), noch hat uns ein anderer verletzt oder wird es je tun (die Quelle der Angst). Diese beiden Emotionen, die uns viele Leben lang lähmten, haben kein Fundament. Sie sind überhaupt nur dann möglich, wenn wir vergessen, wer wir sind, wer wir alle sind. Die Erfahrungen unserer früheren Leben wirken sich in vieler Hinsicht auf uns aus.

Ich arbeitete mit einer in Kalifornien ziemlich bekannten Persönlichkeit am Thema Orgasmus. Sie hatte gerade ihre dritte Ehe beendet, und ihre Unfähigkeit, einen Orgasmus zu bekommen, hatte in all ihren Beziehungen eine Rolle gespielt. Sie erzählte, daß sie immer dann rasende Kopfschmerzen bekam, wenn sie kurz vor dem Orgasmus war. Der Kopfschmerz war so stark, daß er sie von der sexuellen Erfahrung abhielt, und das war dann jedesmal das Ende. Sonst hatte sie nie Kopfschmerzen.

Wir machten eine Rückführung zur Quelle ihrer Kopfschmerzen. Sie ging zurück in ein sehr sinnliches Leben, als sie die Kurtisane eines mächtigen Führers war, den sie sehr liebte. Sie schliefen miteinander. Ekstatisch saß sie auf ihm, und gerade, als sie ihren Orgasmus hatte, tauchte hinter ihr ein Mann auf, schlug ihr mit einer Keule den Schädel ein und tötete dann ihren Geliebten.

Die Erinnerung an diese Erfahrung war ihren Zellen einprogrammiert, und immer, wenn sie dem Orgasmus nahe kam, erinnerte sie ihr Körper an die Gefahr. In ihrem „Computer" bedeutete Orgasmus Tod. Der Körper produzierte die Kopfschmerzen, um den gefürchteten Orgasmus zu vermeiden und so ihr Leben zu retten.

In der Rückführung erlebte sie den Schmerz, den der

Schlag auf den Kopf verursacht hatte, und den Verlust ihres Geliebten wieder. Das nächste Mal traf ich sie bei einer großen gesellschaftlichen Veranstaltung. Sie sah mich an, lächelte strahlend und sagte nur: „Keine Kopfschmerzen“, und zwinkerte mir zu.

Der Körper will überleben. Der Geist will überleben. Das Ego will überleben. Wir leben in einer Überlebensmaschine. Unsere Überlebensmuster sind in unseren Körpern, unserem Bewußtsein und unseren Egos einprogrammiert. Leute, die allergisch auf Pilze reagieren, sind wahrscheinlich in einem früheren Leben an vergifteten Pilzen gestorben. Durch Allergien sichert der Körper sein Überleben. Dasselbe gilt für Phobien vor Schlangen, Spinnen, Haifischen, Hunden, großer Höhe usw.. Durch das Zellgedächtnis wird im Körper Angst vor Tod oder Gefahr ausgelöst, die aus einem anderen Leben stammt. Es ist möglich, daß die Entscheidungen, die wir am Ende eines Lebens treffen, das Überleben des Bewußtseins betreffen. Damit will ich sagen, daß wir am Ende eines Lebens Entscheidungen treffen, und danach stirbt der Körper. Doch das Bewußtsein stirbt nicht. Es überlebt, und irgendwie könnte es die Tatsache, daß es überlebt hat, diesen letzten Entscheidungen zuschreiben. Darum bekommt das Bewußtsein oder das Ego ziemlich viel Angst, wenn Muster verletzt werden, die auf diesen Entscheidungen basieren. Die Angst hilft, diese Muster aufrechtzuerhalten.

Wenn jemand stirbt und dabei denkt: „Niemand wird mich je lieben — ich werde niemals wieder geliebt“, und dann ein Leben lebt, das sich auf Verhaltensmuster aufgrund dieser Entscheidungen gründet, empfindet er es als sehr bedrohlich, wenn er geliebt wird. Passiert es ihm dann wirklich, daß er ehrlich geliebt wird, reagiert er panisch und fühlt sich, als ob er sterben müßte. Wenn diese Muster, die mit Überleben assoziiert sind, aufgebrochen werden, scheint das buchstäblich das Überleben der Maschine zu gefährden.

Wir sind jedoch nicht unsere Maschine und auch nicht die Programme, die sich unsere Maschine während ihrer Erdenleben erworben hat. Wir können uns über unsere Muster, unsere Programme und all unsere Überlebensmechanismen hinwegsetzen, wenn wir unsere Erfahrung von uns selbst verändern. Wir können aufhören, uns mit der Bewußtseinsebene zu identifizieren, auf der solche Entscheidungen, solche Programme gemacht werden, und dann sind wir frei — sind vom „Rad abgestiegen" und von Karma zur Gnade gelangt.

An einer Gruppe, die wir kürzlich in New York abhielten, nahm eine attraktive Frau Mitte dreißig teil, die den Workshop mitmachte, um all ihre Blockaden aufzulösen, die sie gegen eine dauerhafte romantische Beziehung zu einem Mann haben mochte. Sie war weder ein männermordender Vamp noch eine graue Maus, und ich war deshalb erstaunt, als sie mir erzählte, daß sie noch nie eine längere, liebevolle sexuelle Partnerschaft gehabt hatte. Sie hielt sich in Manhattan allein als Sekretärin über Wasser, und man merkte, daß sie versuchte, ganz einfach nett zu sein. Nach einigen Tagen machten wir mit jedem Teilnehmer eine Rückführung, wobei jeder das Thema aussuchte, an dem er arbeiten wollte. Oft beraten Prana und ich die Leute, wenn sie sich für ein Thema entscheiden, und weil Sandy sich nicht in Kontakt mit ihrem spirituellen Selbst gefühlt hatte, entschieden wir zusammen, daß sie in ein menschliches Leben zurückgehen sollte, in dem sie die größte Nähe zu Gott erfahren hatte. Ich hatte zu diesem Zeitpunkt ihr Ziel für den Workshop vergessen und wollte ihre Batterien einfach aufladen, bevor sie wieder zur Arbeit an die Wall Street ging.

In unseren Workshops arbeiten die Teilnehmer gewöhnlich zu zweit, wobei der eine der Berater ist und der andere der „Klient“. Ich habe herausgefunden, daß die Erfahrungen aus einem früheren Leben bei einem Workshop realer erlebt werden, wenn sie einem anteilnehmenden Zuhörer erzählt werden können, als bei einer stillen, geführten Meditation. Die meisten Teilnehmer erlebten sehr starke Rückführungen, in denen viele Emotionen verarbeitet wurden, doch Sandy lag friedlich da und beschrieb ein früheres Leben, in dem sie eine Nonne gewesen war, im Klostergarten arbeitete und zusammen mit ihren Schwestern betete. Als sie gerade ihren süßen Tod im Kreise der Schwestern beschrieb, erinnerte ich mich an die Geschichte mit den Beziehungen. Ich beugte mich zu ihr hinunter und flüsterte ihr ins Ohr: „Sandy, bist du bereit, dich von deinen Gelübden loszusagen?“ Es dauerte eine Sekunde, bis das bei ihr ankam. Dann brach sie in Tränen aus.

Sie hatte ihre Gelübde der Keuschheit, der Armut und des Gehorsams dreihundert Jahre lang gehalten. Sie war zwar keine Jungfrau, doch da sie sich nicht erlaubte, eine längere Beziehung einzugehen, hielt sie sich ganz subtil an ihre Gelübde, ohne sie im Jahre 1988 zu einem Anachronismus zu machen. Einige Frauen halten ihre Gelübde so, daß sie sich zwar Sex erlauben, doch keinen Orgasmus. Wenn man irgendwie Sex hat, doch ohne ihn zu genießen, scheint man den Vertrag mit Gott weniger zu brechen. In der gleichen Weise erlauben sich einige Leute nur soviel Geld, daß sie gerade auskommen, doch nicht mehr und sicher keinen Luxus. So erfüllen sie unbewußt ihr Armutsgelübde. Genauso versuchen einige Leute ihr Gehorsamkeitsgelübde zu halten, indem sie das tun, was man tun „sollte". Da die Stimme der Kirche ihnen nicht mehr sagt, was sie tun sollen, legen sie sich selbst soviele Gebote auf, denen sie folgen „sollten" und „müßten", daß ein Klosterleben gegenüber ihren eigenen strengen Maßstäben Ferien bedeuten würde.

Viele von uns können eine Weile gegen unsere eigenen Gelübde und Entscheidungen handeln, solange wir es nicht merken. Doch wenn unsere Aufmerksamkeit dann auf das gelenkt wird, was geschieht, hören wir ganz schnell damit auf und handeln, wie es unsere Programmierung vorschreibt. Ich habe das selbst sehr oft gefühlt, auch wenn es nur ganz subtil geschieht. Ich vermute, daß es sich auch in dir findet, wenn du genau hinschaust.

Ich habe schon lange, bevor ich es mir leisten konnte, dort einzukaufen, Freude daran gehabt, in sehr teure Geschäfte zu gehen. Es machte mir Riesenspaß, bei Niemann Marcuse oder Saks in der Fifth Avenue herumzustöbern, doch nach etwa zwanzig Minuten begann ich, mich unwohl zu fühlen.

Schließlich mußte ich hinaus und hinüber zu Sears oder J.C. Pennys gehen, wo es mir besser ging. Ich brauchte eine ganze Weile, bis ich erkannte, was da geschah. Dann begann ich, meine Besorgtheitsattacken zu beobachten, und bemerkte, daß sie nach einem Muster abliefen. Ich fühlte mich ganz natürlich zu den besseren Geschäften hingezogen, doch nach einer Weile begann ich mich, als ob ein Mechanismus aktiviert worden wäre, so lange unwohl zu fühlen, bis ich ging. Als ich mir die Quelle meiner Besorgnis anschaute, fand ich die Entscheidung: „Ich darf keine schönen Dinge haben." Ich machte eine Rückführung zu dieser Entscheidung und geriet in ein Leben, in dem ich ein kleinerer König war, der sein Volk ohne Rücksicht auf dessen Wohlergehen besteuert hatte, um alles Geld für Luxus auszugeben, während es verhungerte. Die Entscheidung am Ende dieses Lebens lautete: „Ich werde mir nie wieder schöne Dinge zugestehen." Unter dieser Entscheidung verbarg sich meine unglaubliche Liebe für mein Volk, die ich mir nie eingestanden hatte und vor der ich mich schützte, indem ich den Despoten spielte. Als ich nach der Lektion dieses Lebens fragte, sah ich, daß sie mich die Schmerzen lehren sollte, die man fühlt, wenn man seine Liebe unterdrückt. Ich sah weiter, daß die Wesen, die aus ihrer Liebe heraus zugestimmt hatten, die Rolle meiner Untertanen zu spielen, um mir so zu dienen, genau wußten, daß ich sie über alles liebte und daß sie diese Erfahrung für sich selbst brauchten. Einige wollten eine Lektion der Demütigung, um ein Leben auszugleichen, das sie für arrogant gehalten hatten, andere wollten Armut erfahren, um Leben auszubalancieren, in denen sie Geld gestohlen hatten — all das im Tanz des Karma.

Der Zweck dieses Lebens hatte wiederum wenig mit der Entscheidung, die ich getroffen hatte, und der daraus resultierenden Programmierung meines Unterbewußtseins zu tun. Einen Tag, nachdem ich die Rückführung gemacht hatte, ging ich zu Niemann Marcuse und kaufte mir ein Kleid. Es war ein Sonderangebot, doch es reichte aus, um meine Erklärung an das Universum zu sein, mir von jetzt an zu erlauben, schöne Dinge zu besitzen. Das war das Ende meiner Einkaufsangst.

Eine Freundin erzählte mir, daß ihre Waage eine ganz besondere Eigenschaft habe. Die Freundin war nicht dick, doch hätte sie schicker gewirkt, wenn sie statt der 138 Pfund, die sie normalerweise wog, nur 125 Pfund gewogen hätte. Sie berichtete lachend, daß jedesmal, wenn ihre Waage auf 130 Pfund zuging, rote Neonbuchstaben aufleuchteten, die ihr „Essen", „Essen", „Essen" zublinkten. Und das tat sie dann. Irgendwie wurde in ihr ein Programm reaktiviert. Sie konnte nicht zulassen, zu dünn zu werden.

Einige Menschen fühlen sich solange richtig gut, bis sie bemerken, daß sie Freude haben, und dann stoppen sie sich. Es gibt Menschen, die in eine Beziehung hineinrutschen, ohne es richtig zu bemerken. Sie verbringen ihre Zeit mit dem anderen, genießen es, und an einem ganz bestimmten Punkt schaltet sich ihr Verstand ein und sagt: „Hoppla, das scheint eine Beziehung zu sein, ich kann keine Beziehungen haben", und dann tun sie etwas, um ihre Interaktion mit der anderen Person zu sabotieren und finden sich allein — und wieder sicher.

Oft halten sich Menschen von einer engagierten Beziehung fern oder bleiben ironischerweise in einer engagierten Beziehung, die nicht funktioniert, weil sie auf „den Einen" warten, der kommen wird, um sie zu holen. Bei einer Rückführung finden wir dann die Entscheidung aus einem anderen Leben. Der Ehemann, der am Totenbett seiner Frau das Gelübde gibt, nie wieder eine andere zu lieben, hält sich vielleicht immer noch an dieses Versprechen. Und ebenso ist es möglich, daß das Mädchen sein Treueversprechen noch heute mit sich herumträgt, das sie einst ihrer „Großen Liebe“ gegeben hatte, die dann in der Schlacht gefallen war. (Häufig traten diese Mädchen ins Kloster ein, um die Erinnerung an „ihn“ für den Rest des Lebens zu bewahren.) Gewöhnlich ist so eine verlorene Liebe ein Trick des Bewußtseins, damit das Mädchen im Kloster an ihrer Beziehung zu Gott arbeiten konnte.

Da wir uns unser Leben einrichten, bevor wir es wirklich erleben, wissen wir auf einer bestimmten Ebene genau, was kommen wird. Bevor ich meinen Mann Prana traf, hatte ich immer das Gefühl, daß es da jemanden für mich gab. Dieses Gefühl hatte ich selbst dann, wenn ich in einer Beziehung zu einem Mann lebte. Dieses Gefühl habe ich jetzt nicht mehr. Ich suche nicht länger nach meinem Partner. Wenn ich zurückschaue, erkenne ich, daß ein Teil meines Bewußtseins in jeder neuen Situation den Horizont absuchte und nach dem Einen Ausschau hielt, von dem ich wußte, daß er kommen würde.

*****

Ein Aspekt unseres Lebens, der uns am meisten Freude und am meisten Kummer bringt, ist die Beziehung. Welche Rolle spielt Karma in unseren Beziehungen?

So etwas wie „Liebe auf den ersten Blick“ gibt es nicht. Es gibt jedoch die Liebe, die auf „Erkennen auf den ersten Blick“ beruht. Wir sind mit jedem, zu dem wir eine enge Beziehung haben, sei es Freund, Liebhaber, Partner, Eltern, Kinder oder Arbeitgeber, schon früher zusammen gewesen. Wir haben sogar geplant, in diesem Leben mit ihnen zusammen zu sein. Eltern und Kinder wählen einander, ganz gleich, wie das hinterher aussieht. Im Bereich der Beziehungen gibt es wirklich keine „Zufälle". Sogar adoptierte Kinder kommen schlußendlich zu den richtigen Eltern. Eine meiner Freundinnen adoptierte ein kleines Mädchen, da sie selber keine Kinder kriegen konnte. Ihre Tochter war vier Jahre alt, und sie fuhren gerade mit dem Auto, da sagte Amy plötzlich: „War es nicht nett von der anderen Frau, mich in ihrem Bauch wachsen zu lassen, damit ich kommen konnte, um bei dir zu sein?" Alles, was geschieht, ist vorherbestimmt, auch wenn es nicht so aussieht.

Wenn du dich in einem überfüllten Raum umsiehst und plötzlich die Augen eines dunklen Fremden triffst, wenn dein Herz zu klopfen beginnt, wenn deine Hände schwitzen und deine Knie zittern, dann kannst du sicher sein, daß du jemanden erkannt hast, mit dem du einmal ein Rendezvous hattest. Ein Teil deines Bewußtseins weiß schon, was zwischen euch beiden geschieht. Das Gefühl, jemanden schon ewig zu kennen, obwohl man ihn gerade erst kennengelernt hat, ist richtig. Du kannst anfangen, solchen Gefühlen zu trauen.

Im März 1986 besuchte ich meine Freundin Cynthia in Los Angeles. Wir sahen uns einen sehr romantischen Film auf ihrem Videorecorder an, und ich begann mich nach einer tiefen Beziehung zu einem Mann zu sehnen. Im Augenblick machte ich gerade eine Beziehungspause. Ich hatte immer Beziehungen gehabt. Seit meiner ersten Verabredung mit zehn Jahren war ich außer einem Zeitraum von acht Monaten immer mit einem Mann zusammen gewesen. Die Männer, mit denen ich zusammen war, blühten in der Partnerschaft auf. Ich hatte meine Energie immer in die Leben meiner Partner gesteckt, und in ihren Leben gab es immer einen großen Aufschwung. Mein Leben verlief dabei auch ganz nett, doch ich entschied, daß ich „meine Kraft weggab" (zu diesem Zeitpunkt ein Schlagwort in der Frauenbewegung). Irgendwann 1984 entschied ich, daß ich ausprobieren wollte, was geschehen würde, wenn ich meine Energie auf mein eigenes Leben und mein eigene Arbeit lenkte, und ich begann mich bewußt von Beziehungen fernzuhalten. Meine Arbeit erlebte einen Aufschwung. Ich fing an, mich selbst kennenzulernen. Ich wurde fähig, allein in Europa zu reisen und zu arbeiten. Ich ging allein nach Indien. Ich bekam ein Selbstvertrauen in der physischen Welt, das ich noch nie zuvor gehabt hatte. Es war gut.

Doch als der Nachspann des Filmes über den Fernsehschirm flimmerte und die Liebenden lieber gestorben waren, als sich zu trennen, schluchzte ich und fragte Gott, wo denn meine große Liebe sei. Ich genoß die bittersüße Melancholie, die sich an meine Seele klammerte, und setzte mich auf Cynthias Terrasse, und als ich über den Canyon auf die Lichter von Santa Monica schaute, fragte ich Gott wieder: „Wo ist mein Seelengefährte?" Und die Stimme in meinem Kopf antwortete: „Gehe am 12. Juni nach St. Tropez."

Bis jetzt hatte ich alles getan, was mir die Stimme in meinem Kopf gesagt hatte. Als ich also den Plan für meine Europareise machte, gab ich mir selbst für Ende Mai Ferien, damit ich nach St. Tropez fahren konnte.

Anfang Juni ging ich nach einem Workshop in München nach Florenz. Ich hatte mir ein sehr angenehmes Leben dort um 1700 herum zurückgerufen und wollte zurück in dieses Leben, um mich in Erinnerungen zu ergehen. Ich fand es herrlich. Die Gebäude hüllten sich wie alte Freunde um mich, als ich durch die vertrauten Straßen wanderte. Am Morgen des 11. Juni nahm ich den Zug nach Genua. Als ich am nächsten Morgen im Zug nach St. Raphael saß, fühlte ich mich wie ein Kind auf Schatzsuche. Ich hatte Freunde in St. Raphael, Wendy und Dominique, die ich völlig in mein Abenteuer eingeweiht hatte und die sich anboten, mich nach St. Tropez zu fahren, da es für den letzten Teil meiner Reise keine Zugverbindung mehr gab.

Als der Zug durch die Landschaft rollte, umspielte ein selbstgefälliges „Ich-habe-ein-Geheimnis-Lächeln" meine Lippen. Wir erreichten die französische Grenze, und der Zug hielt an. Er fuhr nicht weiter. Die französischen Eisenbahner streikten.

Wir wurden gebeten, den Zug zu verlassen. Vor der Bushaltestelle bildete sich eine lange Schlange. Zusammen mit einigen anderen Passagieren verhandelte ich mit einem Taxifahrer, der uns über die Grenze bringen sollte. Wir wurden nach Menton gebracht, von wo aus ein Bus nach Nizza fuhr. Wir kamen in Nizza an, nachdem der letzte Bus nach St. Raphael gerade abgefahren war. Ich rief Wendy und Dominique an. Sie würden mich nach der Arbeit, etwa um 20.00 Uhr, in Nizza abholen. Okay, ich hatte getan, was ich konnte. Ich gab die Idee auf, am 12. Juni St. Tropez zu erreichen. Meine Freunde kamen. Wir hatten ein herrliches Abendessen und stiegen gegen 22.00 Uhr ins Auto. „Wo fahren wir hin, nach St. Raphael?" fragte ich, als Dominique ihren roten Alpha Romeo aus der Parklücke setzte. Zwischen ihren beiden nächsten Sätzen schaltete sie durch vier Gänge. „Du hast gesagt, daß du am 12. in St. Tropez sein mußt. Wir haben immer noch den 12., und wir fahren nach St. Tropez." Wir rasten die Küste entlang und kamen um 23.30 Uhr an. Ich hatte es geschafft, doch anders als geplant. Ich nahm mir ein Hotelzimmer am Quai, und wir gingen in eines der Strandcafes, um etwas zu trinken, ohne daß etwas geschah, bevor wir uns verabschiedeten.

Natürlich hatte ich mir ausgemalt, wie es sein würde. Ich hatte mir vorgestellt, „ihn" in einem überfüllten Raum zu erblicken. Ich hatte mir den Augenblick des Erkennens ausgemalt. Ich konnte fast schon die Filmmusik von „... bis in alle Ewigkeit" im Hintergrund hören. Doch ich war zu spät gekommen. Als ich am 13. aufwachte, war ich sicher, daß ich mein Rendezvous mit dem Schicksal verpaßt hatte. Also ging ich einkaufen. Ich ging zum Strand. Ich schlenderte durch die Stadt.

Abends begab ich mich wieder in mein Zimmer, um, wie immer, die Durchgaben für das Buch, das ich gerade channelte, auf Tonband aufzunehmen. Die Sitzung war gut, doch als ich das Band abspielte, war ich entsetzt. Offenbar waren die Batterien nahezu leer gewesen, denn es war fast nichts zu verstehen. Ich entschloß mich, das Band sofort, solange die Worte noch in mir waren, herauszuschreiben. Ich brauchte eineinhalb Stunden dafür und kam dadurch viel später zum Abendessen, als ich mir vorgenommen hatte. Jetzt war ich ganz sicher, alles verdorben zu haben.

Ich wanderte am Quai an den zeltüberdachten Hafenrestaurants vorbei und suchte mir eins aus. Ich ging hinein, drehte mich dann völlig ohne Grund wieder um und betrat das nächste. Mir wurde ein Tisch zugewiesen. Das Restaurant war sehr voll. Ich setzte mich und sah mich um — da war er. Er saß mir gegenüber auf der anderen Seite des Raumes. Sein Haar war graumeliert, sehr gepflegt und gut aussehend. Er trug einen marineblauen französischen Seemannspullover, den er lässig über die Schultern geworfen hatte. Er rauchte und schaute mich direkt, durchdringend an. Ich konnte nicht wegsehen. Mein Blick war in einem alten Energiefeld gefangen. Mein Herz begann zu klopfen, meine Hände schwitzten... usw. Er hob sein Weinglas in meine Richtung und nickte mir schweigend zu. Der Ober kam und holte mich zurück in die Zeit, indem er mir das Menue servierte.

Das Abendessen war lang und emotional sehr anstrengend. Ich versuchte, nicht hinzusehen, dann mußte ich dem magnetischen Zug seiner Augen nachgeben, und unsere Blicke führten ein langes, schweigendes Gespräch miteinander. Schließlich war das Essen vorüber. Ich bezahlte die Rechnung, und als ich danach wieder hinschaute, war sein Platz leer. Ich ging nach draußen. Er wartete. Als ich auf ihn zuging, fühlte ich mich, als ob ich wie an einer Angel eingeholt würde. Ich hörte die Filmmusik im Hintergrund. „Sprechen Sie englisch?" fragte ich. „Nein." „Sprechen Sie französisch?" „Nein."

Er drehte sich um, nahm meine Hand, und wir gingen am Wasser entlang, in Richtung Leuchtturm. Er hatte ein Jahr in Spanien gearbeitet. Ich hatte ein Jahr in Peru gelebt. Wir sprachen spanisch. Er war verheiratet. Er war Kettenraucher. Er trug seinen weltlichen Zynismus genauso lässig wie seinen Kapitänspullover. Er hätte meine Arbeit noch nicht einmal im Ansatz verstanden. Und dennoch kannten wir einander vollkommen und tief. Wir blickten einander an, als ob der Blick des anderen Nahrung für die Seele sei. Wir gingen spazieren und redeten, tranken Kaffee und versuchten, uns zu verabschieden. Wir konnten uns buchstäblich nicht voneinander trennen. Er fragte mich ständig: „Warum, Rhea? Warum hier? Warum jetzt?“ Ich erzählte ihm von der Botschaft, am 12. in St. Tropez zu sein, und wie ich gedacht hatte, alles verdroben zu haben, weil ich zu spät gekommen war. Er sagte, daß er am 12. hier erwartet worden sei, doch daß er Ärger mit seinem Boot gehabt habe und deshalb einen Tag später als geplant angekommen sei. Ich sagte ihm, daß Gott mich zu ihm geschickt habe, und er antwortete: „Gott muß englisch sprechen.“ Schließlich gingen wir zu seinem Segelboot und verbrachten das, was von der Nacht noch übrig geblieben war, in den Armen des anderen.

Am Morgen holte ich meine Sachen aus dem Hotel. Als ich zurückkam, wartete er mit Croissants und Kaffee. Wir frühstückten an Deck und segelten genüßlich in der Bucht. Nach einem eleganten Mittagessen fuhr er mich zu Wendy und Dominique nach San Raphael.

Wir sagten uns Adieu und wußten, daß es zu Ende war. Unsere Begegnung war schmerzlich und vollkommen gewesen. Ich war mir im klaren, daß die Verbindung da war, und es war klar, daß sie nichts mit diesem Leben zu tun hatte. Ich überlegte kurz, ob ich nach Paris gehen sollte, um an den zwei Tagen, die er wöchentlich dort verbrachte, seine Geliebte zu sein. Nein, danke. Wenn ich dieser Verbindung nachgehen würde und die Realitäten dieser Inkarnation zu verleugnen versuchte, würde ich ganz sicher leiden. Das erleben so viele Menschen. Wir hören sie immer in unseren Workshops: „Wir fühlen uns so verbunden, ich weiß gar nicht, warum es nicht funktioniert." „Ja, wir sind unglücklich, doch ich liebe ihn." Zu oft ist die Erfahrung, sich einem anderen verbunden zu fühlen, so stark, daß man nicht wahrhaben will, daß sie für eine romantische Beziehung in der gegenwärtigen Realität unangemessen ist.

Wir haben so viele Menschen während unserer Erdenleben geliebt, und wir neigen dazu, uns in diesem Leben wieder zu verbinden, doch wenn wir mit jedem ins Bett gehen wollen, mit dem wir das schon getan haben, oder all unsere verlorenen Ehemänner und Ehefrauen heiraten wollen oder versuchen, alle unsere ehemaligen Kinder zu unterstützen, werden wir nie mit dem beginnen, was wir uns für diese Inkarnation jetzt vorgenommen haben. Wenn wir wissen, welchen Zug die Erlebnisse aus einem früheren Leben auf uns haben können, hilft uns das, in diesem Leben angemessene Entscheidungen zu treffen.

Sally Fisher, eine Freundin aus New York, sagte einmal: „Du kannst nicht mit dem Potential eines Menschen Essen gehen." Sie sprach über Frauen, die das wundervolle Wesen eines Mannes hinter seinem gegenwärtigen Benehmen sehen und versuchen, mit dem, was er sein könnte, eine Beziehung zu haben, anstatt zu der Realität des Mannes aufzuwachen, der ihnen wirklich am Tisch gegenübersitzt. Viele Menschen (mich mit eingeschlossen) heiraten das Potential des Partners und verbringen dann ihre Ehe damit, „das herauszubringen", anstatt eine Beziehung mit dem einzugehen, was wirklich gerade da ist. Dasselbe gilt für Verbindungen aus früheren Leben. Oft verlieben wir uns in die, die sie früher waren, anstatt in die, die sie jetzt sind.

Viele von uns vollenden ihre Erfahrungen auf der Erde. Für viele von uns kann diese Inkarnation die letzte menschliche sein. Deshalb verbinden wir uns mit denjenigen, die wir früher geliebt haben. Die Familien versammeln sich. Wir treffen uns alle wieder, damit wir das vollenden können, was von früher her noch unvollendet ist. Unsere gemeinsame Zeit in der Vergangenheit hat Energielinien entstehen lassen, die uns jetzt wieder zusammenführen. Wir versammeln uns auch einfach nur aus der Freude heraus, alte Freunde wiederzutreffen. Doch wenn wir uns der Verbindungen auch bewußt sind, müssen wir dieses Leben gemäß den Realitäten leben, die wir alle gewählt haben.

In amerikanischen Theatern gibt es immer einen Raum, in dem sich die Schauspieler vor der Vorstellung treffen, um das Skript zu diskutieren, auf ihren Auftritt zu warten oder um nach der Vorstellung zusammenzukommen und darüber zu reden, was abends gelaufen ist, was gut geklappt hat und was nicht. Dieser Raum wird traditionellerweise das „grüne" Zimmer genannt. Und genau dasselbe geschieht mit uns. Wir sind alle Teil einer reisenden Schauspielertruppe, die anstatt von Stadt zu Stadt durch Zeit und Raum und von einer Inkarnation zur nächsten fährt, ihre Vorstellung gibt und dann für die nächste zusammenpackt.

Vor jeder Inkarnation treffen wir uns in einer Art kosmischem „grünen Zimmer" und handeln unsere Rollen aus. Der Dialog könnte sich so anhören: „Ich habe es satt, immer den Guten zu spielen, ich will eine Weile der Böse sein."

„Gut, du kannst dieses Mal böse sein, wenn ich die

Mutter sein darf. Ich bin den Streß leid, immer für alle sorgen zu müssen. Ich will es dieses Mal leicht haben."

„Gut, wer will diesmal der Vater sein? Ich werde der eigensinnige Sohn sein."

Und so geht es weiter. Wir kommen in vielen Leben mit denselben Spielern zusammen. Wir spielen verschiedene Rollen, denn wir entscheiden uns, andere Lektionen zu lernen und andere Erfahrungen zu machen. Deine Mutter in diesem Leben mag in einem anderen Leben dein Sohn gewesen sein. Viele Eltern machen die Erfahrung, Kinder ihrer eigenen Kinder gewesen zu sein. Es gab ganz sicher eine Zeit, in der die Rollen vertauscht waren.

Ich arbeitete in Newport Beach mit einem Ehepaar, das viele Probleme wegen der Eifersucht der Frau hatte. Diese Eifersucht war völlig irrational, und die Frau wußte das. Ihr Mann war ihr sehr verbunden und vollkommen treu. Doch wenn er nur mit einer anderen Frau sprach, überkam Sheila ein panischer Zorn. Die Reaktion lief automatisch, physisch ab, und so sehr Sheila auch versuchte, sich zu beherrschen, sie konnte ihre Reaktion nicht ändern.

Wir machten eine Rückführung zu der Quelle ihrer Eifersucht in Beziehung zu dem Wesen, das jetzt ihr Ehemann Peter ist. Sie ging zu einem Leben in England zurück, in dem „Peter" ihre Mutter gewesen war. Ihr Vater war schon in ihrer frühen Kindheit gestorben, und sie und ihre „Mutter" hatten ein enges Verhältnis zueinander. Dann heiratete ihre Mutter wieder, und sie verlor nicht nur die Nähe zu der Mutter, sondern ihr Stiefvater haßte sie und ihre legalen Rechte auf den Reichtum der Mutter. Schließlich stürzte er sie von einem Felsen hinab zu Tode.

Für Sheilas unbewußten Computer bedeutete jede Verbindung Peters mit einer anderen Person den Tod. Ihr Körper erinnerte sich an all die Hilflosigkeit und Angst, die das Kind gefühlt hatte, als der eine, dem sich ihre Mutter verbunden hatte, sie hinaus in die Wälder schleppte, um sie von einem Felsen zu stürzen. All das war in Sheilas Zellgedächtnis gespeichert und erschien an der physischen Oberfläche, wenn die gegenwärtigen Umstände die Erinnerung reaktivierten. Sie hatte die Entscheidung getroffen, daß sie in Todesgefahr war, wenn der eine, der ihre Mutter gewesen war, mit einem anderen Kontakt aufnahm.

Am Ende der Rückführung sah sie von ihrem höheren Bewußtsein aus, daß sie sich für ein kurzes Leben entschieden hatte. Sie hatte zugestimmt, zu ihrer „Mutter" zu kommen, um sie zwischen den Eheschließungen zu trösten. Tatsächlich hatte sie ihre Mutter bereit gemacht, einer liebevollen Ehe mit ihr zuzustimmen, die sie für die gegenwärtige Inkarnation geplant hatten.

Oft entscheidet sich ein Baby für eine Fehlgeburt, um Mitleid in seinen Eltern zu erwecken oder seine Mutter darauf vorzubereiten, ein Kind zu schätzen, um dann in einer zweiten Schwangerschaft wiederzukommen und geboren zu werden. Genauso hatte Sheila ihren zukünftigen Ehemann vorbereitet, eine gute Partnerschaft zu schätzen, indem sie Teil einer schmerzlichen war. Nachdem sie die Panik, Hilflosigkeit und Wut in der Rückführung noch einmal vollständig erlebt hatte, verschwand die automatische Reaktion aus Sheilas Körper. Es war nicht mehr länger lebensbedrohlich für sie, wenn ihr Mann Kontakt zu einer anderen Frau aufnahm.

Wir dürfen annehmen, daß wir mit den Menschen, die

uns am nächsten stehen, schon einmal zusammen waren. Wie ich schon früher erwähnt habe, sind wir gewöhnlich schon oft in verschiedenen Rollen zusammengewesen. Alles, was in jenen Zeiten nicht vollendet wurde, wird im Laufe der jetzigen Beziehung an die Oberfläche kommen. Oft spielen Ehepartner miteinander die Überbleibsel aus vergangenen Beziehungen durch. Die Rollen, die sie in der Vergangenheit miteinander spielten, kommen nach und nach an die Oberfläche. Der ersten Phase der Verliebtheit mag eine kollegiale Phase folgen. Vielleicht wird es eine Phase in der Beziehung geben, wo ein Partner den Lehrer des anderen spielt. Diese Phase verläuft gewöhnlich ziemlich angespannt. „Was glaubt er eigentlich, wer er ist?" Manchmal gibt es eine Phase, in der eine frühere Inkarnation als Bruder und Schwester an die Oberfläche kommt. Wenn das geschieht, trennen sich die Paare oft, weil sie glauben, daß die „Romanze" vorbei ist. Doch wenn sie ihre Beziehung in dem Kontext sehen könnten, daß sie altes Karma vollenden, könnten sie sich an jeder Phase freuen, während sich die Rollen ändern, und die vielen Facetten ihres gemeinsamen Spiels genießen, das sie seit Jahrhunderten miteinander spielen.

So oft gründen sich romantische Beziehungen auf vergangene Verwicklungen und Unvollständigkeiten. Manchmal braucht ein Paar Jahre, um das Karma aufzuarbeiten. Wenn das Karma dann vollendet ist, fühlen sie sich verloren, wissen oft nicht, wie sie sich aufeinander beziehen sollen, und trennen sich. Ich persönlich glaube nicht, daß eine Beziehung wirklich beginnen kann, bevor das Karma vollendet oder transzendiert ist. Dann kann ein Paar wirklich frei entscheiden, ob es zusammenbleiben will, anstatt durch die Verwicklungen der Vergangenheit aneinander gebunden zu sein.

Meine zweite Ehe war ausschließlich karmisch. Wir kamen buchstäblich zusammen, um geschieden zu werden. In mehreren früheren Leben hatte er mich getötet. Natürlich hatte ich, wie die Heldin in Hermann Hesses *Steppenwolf,* die Umstände stets so eingerichtet, daß das Ende so sein mußte. Jedesmal kam ich in dem jeweiligen Leben an einen Punkt, an dem ich einen bestimmten Grad an Verantwortung hätte voll übernehmen können, um mich auf einer neuen Ebene zu manifestieren, oder ich konnte mich zurückziehen. Ich zog mich jedesmal zurück. Und anstatt Selbstmord zu begehen, ließ ich mich lieber umbringen.

In Wahrheit war die Zeit für die nächste Ebene für mich noch nicht gekommen, und wir hatten vor der Inkarnation im reinen Sein abgesprochen, daß er mich töten sollte, um mir auf diese Weise behilflich zu sein. Doch das Verhaltensmuster war geblieben. Wir beide mußten uns nun bewußt dafür entscheiden, das Muster in diesem Leben nicht mehr auszuagieren.

Während unserer gemeinsamen Zeit machten wir uns gegenseitig viele Geschenke und erteilten uns Lektionen, die uns wachsen ließen und die Schulden zwischen uns beglichen. Die freundschaftliche Trennung war die Befreiung von einem der Hauptmuster.

Die Art und Weise, wie wir uns als Wesenheiten dafür entscheiden, anderen zu helfen, ist oft sehr bewegend. Wir haben uns alle so sehr lieb, daß wir alles tun, um einander zu dienen. Hier ist ein Beispiel, das mich sehr tief berührte.

In vielen Kreisen ist Abtreibung ein sehr umstrittenes

Thema, und trotz unseres New Age-Bewußtseins tragen viele Frauen noch lange nach der Abtreibung an ihren Schuldgefühlen und ihrer Trauer. Eine meiner New Yorker Klientinnen kam aus diesem Grund einen Tag vor ihrer bevorstehenden Abtreibung, um mit dem Wesen ins reine zu kommen, bevor sie den Fötus abtrieb. Barbara empfand große Zuneigung für den Vater des Babys, doch die Beziehung war problematisch und unglücklich. Hier ist das Protokoll unserer Sitzung nach der Entspannungsphase.

Sitzung mit Barbara, am 12. Juli 1985

RHEA: „Also, wenn du auf der Plattform am Ende der Brücke stehst, dann rufe das Wesen, das zu dem Fötus gehört, der in deinem Uterus wächst. Rufe dieses Wesen in dein Bewußtsein. Und dann sage diesem Kleinen alles, was du ihm sagen wolltest. Es ist gut so. Es ist in Ordnung."
BARBARA: „Das ist das Härteste, was ich jemals getan habe, weißt du. Dir Adieu sagen zu müssen. Denn ich fühle wirklich, daß ich weiß, wer du sein wirst und wie du sein wirst, und mir scheint, daß du gut bist — einer von den Menschen, die einfach herausragen. Und ich finde es wirklich nicht gerecht, daß ich warten muß, das zu lernen, was du mich lehren willst, oder daß irgendein anderer Mensch auf diesem Planeten darauf warten muß, doch ich weiß nicht, was ich sonst tun soll, weil — ich kann noch nicht einmal für mich selber sorgen. Ich weiß nicht, wie ich für dich sorgen sollte. Und ich weiß, daß du deinen Vater vertreiben würdest. Ich weiß, daß es so sein würde. Denn du bist ihm weit voraus, und er ist noch nicht bereit für dich.

Denn, weißt du, ich will nicht, daß du hierherkommst, bevor er nicht bereit ist für dich. Denn du weißt, du verdienst nicht weniger. Ich fühle mich so, als ob ich dich immer haben könnte. Ich würde alles aufgeben, um dich zu haben. So etwas habe ich noch nie für einen anderen empfunden, weißt du. Aber ich weiß nicht, wie ich für dich sorgen soll. Du weißt, daß es Tage gibt, an denen ich nicht genug Geld habe, um meinen Katzen Futter zu kaufen, und ich weiß nicht, ob ich dich ernähren kann. Ich könnte dir eine Menge Liebe geben, doch du verdienst so viel. Das tust du wirklich. Ich weiß, daß es so ist. Ich will bereit sein, etwas für dich zu tun, und ich will bereit sein, dich überallhin mitzunehmen. Ich will nicht mit dir in einer Wohnung eingesperrt sein. Sieh mal, ich weiß nicht — ich weiß nicht, was ich tun soll, bis du es mir sagst, weißt du. (Barbara weinte, während sie das alles sagte.)

RHEA: „Was sagt er?"

BARBARA: „Er sagt, daß ich ihn ängstige ... all die Emotionen."

RHEA: „Will er, daß du sonst noch etwas weißt?"

BARBARA: „Er ist sauer auf mich."

RHEA: „Warum?"

BARBARA: „Weil ich will, daß er geht ... Er sagt, je eher er kommt, desto besser."

RHEA: „Was sagt er noch?"

BARBARA: „Er will Luxus. Und, oh — er muß wegen André kommen, und wenn André ihn nicht will, kann er nicht kommen."

RHEA: „Gut. Dann frage ihn nach seinem Grund, warum er jetzt kommt. Warum tut er das wirklich?"

BARBARA: „Ja, er sagt, daß André und Barbara noch eine

Menge Arbeit vor sich haben, und er sagt, daß sie das meiste davon alleine tun müssen. Daß er gekommen ist, um sie zu trennen. Ich will das nicht glauben, doch er sagt es. Er sagt, daß es keine Rolle spielt, wie weit sie sich voneinander entfernen — sie würden niemals vergessen, was sie tun müssen. Er sagt, daß es Leid geben wird, doch nicht zu lange, daß André mich kennt, doch daß etwas in ihm ist, das mir nicht vertraut. Deshalb muß er mich testen. Ich finde das wirklich dumm. Doch André hat da eine ziemlich große Aufgabe — und er muß mich testen, um zu erkennen, ob ich bereit dazu bin. Und das Baby sagt, daß das von Anfang an so war — wir hätten es nur jetzt erst bemerkt."

RHEA: „Was empfindet das Baby über die Abtreibung?"

BARBARA: „Er sagt, daß er sich wünscht, daß es leichter wäre. Er sagt, daß er zuerst gehen möchte. Er sagt, daß er das lieber tun würde. Einfach gehen."

RHEA: „Kann er dir die Entscheidung, zu der du dich jetzt durchgerungen hast, verzeihen?"

BARBARA: „Weißt du, es ist traurig. Er kann mir verzeihen, aber ich werde ihn vermissen. Ich will, daß er bei mir bleibt."

RHEA: „Was sagt er dazu?"

BARBARA: „Er sagt, daß er mich jeden Tag erinnern kann."

RHEA: „Ja, und was noch? Es klingt für mich so — aber ich möchte einfach wissen, ob ich es richtig verstehe. Aus seiner Verbundenheit mit euch beiden ist er gekommen, um dir bestimmte Dinge über André zu zeigen und um dir zu helfen, dich für eine Weile allein weiter zu entwickeln."

BARBARA: „Ja."

RHEA: „Der Keil oder das Licht in eurer Beziehung zu sein. Das ist wirklich große Hingabe. Das ist Liebe."
BARBARA: „Aber weißt du, ich bin sauer auf ihn."
RHEA: „Willst du ihm etwas darüber sagen?"
BARBARA: „Ja, das ist in Ordnung, denn wenn er nicht gekommen wäre, wäre etwas anderes passiert. Ja. Er wußte, daß er derjenige war, der kommen sollte ... Ich will nur, daß er weiß, wieviel Angst ich habe."
RHEA: „Was sagt er dazu?"
BARBARA: „Er sagt, daß es wie ein Feuer ist, durch das ich hindurch muß. Und daß ich ohne Vorbehalte gegen einen anderen Menschen, außer gegen mich selbst, hindurch muß."
RHEA: „Ja."
BARBARA: „Er sagt, daß ich da durch muß, und dann wird es mir gut gehen."
RHEA: „Das klingt so, als ob es für ihn in Ordnung wäre."
BARBARA: „Oh, ihm geht es gut. Doch weißt du, ich will festhalten. Und will wissen, wann er zurückkommt."
RHEA: „Was sagt er?"
BARBARA: „Er sagt immer wieder 1990."
RHEA: „Dann frage ihn, ob du irgend etwas tun kannst, um mit der Abtreibung besser fertig zu werden."
BARBARA: „Er sagt, daß ich viele Früchte essen soll."
RHEA: „Gut, was noch?"
BARBARA: „Daß ich mich eine Weile ausruhen soll, daß das in Ordnung ist. Er sagt, daß ich mir zu große Sorgen um das Geld mache. Weißt du, ich kann es kaum glauben, doch er sagt es mir ganz eindringlich. Daß ich mir keine Sorgen machen soll. Ich kann es nicht glauben."
RHEA: „Gut, was noch?"

BARBARA: „Er sagt mir, daß ich so schöne Bilder male und so gute Dinge tue — weißt du, er sagt, daß ich erwachsen geworden bin."
RHEA: „Ich habe verstanden."
BARBARA: „Er sagt, daß ich die Leute mehr um Hilfe bitten soll."
RHEA: „Gut."
BARBARA: „Er sagt, daß ich ihm in dieser Woche gezeigt habe, wie sehr die Leute mir helfen wollen. Er hat es mir gezeigt — weißt du. Er sagt, daß ich nur darum bitten muß — es ist in Ordnung."
RHEA: „Ja."
BARBARA: „Er sagt, daß André andere Frauen hat."
RHEA: „Wo ist das Geschenk für dich? Warum hast du die Situation so kreiert? Warum auf diese Weise? Wo ist das Geschenk?"
BARBARA: „Daß ich hervorkommen kann. Weißt du, ich zeige den Leuten nur Teile von mir, ich zeige ihnen nicht alles. Und das muß ich jetzt tun, weißt du. Ich muß — ich muß mehr Selbstvertrauen haben — und ich muß es wirklich allein tun, bevor ich es mit einem anderen teilen kann. Ich muß an mich selbst glauben."
RHEA: „Ja."
BARBARA: „Und ich glaube, daß es jetzt leichter geht."
RHEA: „Gibt es noch irgend etwas, was dieser Kleine dich wissen lassen will?"
BARBARA: „Ja, er weiß, daß ich auf alles eine Antwort haben will. Weißt du, weil ich mich kenne. Und ich weiß, daß ich wirklich traurig sein werde. Ich weiß, es wird wirklich hart werden, wenn ich mit André spreche, und ich weiß, daß ich trotzdem mit ihm zusammenbleiben will,

und ich will mich nicht selbst betrügen und etwas glauben, was nicht da ist."

RHEA: „Gut."

BARBARA: „Weißt du, es gibt gewisse Dinge, die ich jetzt tun sollte, wie z.B. das Malen. Und tanzen. Und singen. Und es ist wirklich schwer, weil ich es noch nie ohne einen Mann getan habe — weißt du. (kichert) Alles ist schwer."

RHEA: „Es kann ein Abenteuer werden."

BARBARA: (kichert) „Ja. Er sagt, daß es mir helfen wird, wenn ich mich immer, wenn ich traurig werde, daran erinnere, daß er gekommen ist, um mich fröhlich zu machen, und daß er wirklich traurig würde, wenn er sehen müßte, daß ich die ganze Zeit traurig bin."

RHEA: „Ja, du könntest das Geschenk annehmen."

BARBARA: „Ja, es braucht so viel Vertrauen."

RHEA: „Ja, das stimmt. Gibt es noch etwas, was er dich wissen lassen will oder was er sagen will, bevor er geht?"

BARBARA: „Er sagt, daß ich die Dinge Schritt für Schritt angehen und daß ich den Leuten mehr trauen soll. Und daß ich mich daran erinnere, daß er kein Zufall war."

RHEA: „Willst du ihm noch etwas sagen?"

BARBARA: „Ich glaube, daß er wunderbar ist. Daß ich alles tun will, was in meiner Macht steht, um ihn zurückzuholen. Ich will wissen, wo er sein wird."

RHEA: „Was sagt er?"

BARBARA: „Er sagt, daß er in der Nähe sein wird (kichert)."

RHEA: „Willst du ihm noch etwas sagen?"

BARBARA: „Ich liebe ihn."

RHEA: „Ja, und das hört nicht auf."

BARBARA: „Ja, er weiß es."
RHEA: „Es scheint mir, als ob er dich auch liebt."
BARBARA: „Ja."
RHEA: „Barbara, bist du jetzt klar mit ihm?"
BARBARA: „Ich werde dich vermissen und danke dir, daß du gekommen bist."
RHEA: „Nimm jetzt einen tiefen Atemzug und spüre einfach, wie sich dein Körper anfühlt."
BARBARA: „Oh, ... er ist weg."
RHEA: „Spüre dich jetzt wieder in deinem Körper. Und halte das Licht wieder fest und bitte jede andere Energie, die nicht zu Barbara gehört, jede andere, Barbaras Körper zu verlassen. Wenn du dann wieder bei dir in deinem Körper bist, nimm die Essenz deiner selbst als strahlendes goldenes Licht wahr. Erlaube ihm einfach, sich auszudehnen und deinen Körper zu erfüllen. Wisse, daß du ganz bist und dir genügst und daß du jede Fähigkeit, die ein Mensch haben kann, auch haben kannst. Du kannst dich entscheiden, jede dieser Fähigkeiten wann immer du willst zu manifestieren."

Am nächsten Tag war Barbaras Abtreibung, doch sie hatte genügend Klarheit darüber gewonnen. Sie beendete ihre Beziehung zu André und konzentrierte sich ganz auf ihre Kunst. Als ich das letztemal mit ihr sprach, arbeitete sie an einer liebevollen Beziehung zu sich selbst. Das war das Gechenk, das ihr das Wesen, das als Fötus in ihrem Uterus gewachsen war, gemacht hatte. Es war aus Liebe gekommen, um zu dienen.

In den Rückführungen, die ich nach Abtreibungen machte, stellte sich mehrfach heraus, daß das Wesen, das als Fötus gekommen war, erwartet hatte, abgetrieben zu werden. Es vollendete sein Karma mit der Mutter aus einem früheren Leben, wo sie im Kindbett gestorben war und dieses selbe Baby überlebt hatte.

******

Wenn man einen traditionellen chinesischen Tempel betreten will, muß man zwischen zwei Drachen hindurchgehen. Diese Monstren repräsentieren das Paradoxon und die Verwirrung. Wenn man das „Königreich Gottes" betreten will, muß man sich mit diesen Drachen auseinandersetzen. Es ist paradox, daß wir am Drama der menschlichen Existenz teilnehmen. obwohl wir ihr nicht angehören. Wir erschufen das Karmaspiel und wurden zu Opfern unserer eigenen Schöpfung. Wir haben uns mit dem Teil unserer selbst identifiziert, der sich auf dem Spielbrett bewegt, das Erde genannt wird. Das müssen wir nicht tun. Mit Hilfe unseres Bewußtseins können wir uns daran erinnern, daß wir diejenigen sind, die das Stück in Szene setzen. Wir haben Emotionen, Verhaltensmuster und Überzeugungen, sie gehören zur Ausstattung für das Stück — doch wir sind das nicht und jenes andere auch nicht ...

Kapitel 2

Rückführungen in vergangene Leben

In diesem Kapitel wollen wir uns anhand von Rückführungsprotokollen anschauen, wie eine Rückführung praktisch abläuft. Die Rückführungstechnik, die ich verwende, habe ich nach vielen Versuchen und Irrtümern selbst entwickelt. Sie stand nicht auf den Gesetzestafeln am Berge Sinai. Das meiste habe ich mir zusammengestellt. Menschen wie du und ich erfinden Techniken, Prozesse, Theorien usw. Keine davon ist heilig. Wenn du mit dieser Form hier einmal gearbeitet hast und sie dann so verändern willst, daß sie zu deinem Stil paßt, dann bitte ich dich, dies zu tun.

Ich verwende eine Version einer gebräuchlichen Entspannungstechnik, um den Klienten auf die Rückführung vorzubereiten. Oft wurde ich gefragt, ob der Rückführungsprozeß nicht auf Hypnose beruht. Hypnose ist eines der Wörter, dessen Bedeutung sich je nach dem Menschen, der es benutzt, verändert. Für manche Menschen ist Fernsehen Hypnose. Man muß für sich selbst entscheiden, ob man diesen Prozeß für Hypnose hält oder nicht. Die Klienten schlafen nicht. Sie sind sich all dessen bewußt, was mit ihnen geschieht. Sie kommunizieren mit mir und können den Prozeß in jedem Augenblick abbrechen. Die Klienten sind verantwortlich, nicht die Person, die die Rückführung begleitet. Sie sind nicht in Trance, obwohl sie einen veränderten Bewußtseinszustand erleben.

Es ist möglich, die Einführung viel schneller zu machen. Wenn der Klient nicht blockiert ist, kann man ihn einfach bitten, die Augen zu schließen, um ihn dann zu fragen, wo er 1837 war. Sehr wahrscheinlich werden sofort einige Bilder oder Gedanken zum Vorschein kommen. Ich brauche die längere Einführungsphase genauso für mich wie für den Klienten. Sie gibt mir Zeit, mich auf ihn und seine Energie einzustellen. Ich ziehe es vor, Zeit zu haben, um die Verbindung zu ihm aufzubauen.

Das folgende Protokoll stammt aus einer Sitzung, die ich mit einer Klientin in Park City in Utah hatte. Meine privaten Sitzungen dauern gewöhnlich eineinhalb Stunden. Die erste halbe Stunde verwende ich dazu, mit dem Klienten zusammenzusitzen und zu reden. Ich frage dann, woran er arbeiten will, und zusammen wählen wir ein Thema aus. Ich frage immer nach dem Gesundheitszustand, den Jobs, den Liebesbeziehungen und der Beziehung zu den Eltern.

Ich bitte die Klienten, achtundvierzig Stunden vor unserer Verabredung keinen Alkohol zu trinken und kein Rauschgift zu nehmen. In der Sitzung frage ich sie dann nach ihrer Alkohol- und Drogengeschichte, da ein Mißbrauch oft der Schlüssel zu einem Erlebnis ist, das geklärt werden sollte. Selbst nach achtundvierzigstündiger Enthaltsamkeit des Klienten finde ich es schwierig, innerlich klar mit Leuten zu arbeiten, die sich an Drogen gewöhnt haben.

Häufig kommen Leute, um an einem bestimmten Thema zu arbeiten, und wenn ich dann mit ihnen gesprochen habe, arbeiten wir an einem anderen. Manchmal bestehe ich darauf, daß sie an etwas arbeiten, woran sie gar nicht gedacht haben. Jemand mit gesundheitlichen

Problemen wird dann am Sinn seines Daseins auf der Erde arbeiten, und eine Frau, die ihre Mutter haßt, daran, warum sie nicht schwanger werden kann. Die Klienten sind bisher immer dazu bereit gewesen, sich auf das einzustellen, was meiner Meinung nach wichtiger war.

Sally war sich klar darüber, daß sie an ihrer Unfähigkeit arbeiten wollte, wirklich tief zu fühlen. Ihr Mann hatte ihr Gefühllosigkeit vorgeworfen. Er glaubte, daß ihr einfach alles egal sei. Sie wußte, daß sie Gefühle hatte — aber sie konnte sie einfach nicht so empfinden, wie andere sie zu erleben schienen. Hier ist das Protokoll der Sitzung einschließlich des Entspannungsprozesses.

RHEA: „Stell dir vor, daß du in einem Raum bist, in dem du dich sehr wohl fühlst, sehr sicher und sehr entspannt ... Schau dich in dem Raum um und sei dir sicher, daß alles ganz genauso ist, wie du es haben willst... Suche dir einen Platz in diesem Raum aus, wo du dich hinlegen kannst ... Und fühle, wie du dich an diesen Ort begibst, dich hinlegst und dich immer entspannter und behaglicher fühlst ... Gebrauche deinen Atem, um deinem Körper zu erlauben, sich immer wohler zu fühlen ... Wenn du einatmest, dann löse alle Spannungen oder Verkrampfungen und lasse sie bei der Ausatmung los ... Wenn du dort liegst, dann visualisiere deine Füße, stelle dir vor, daß eine goldene Flüssigkeit durch deine Zehen fließt ... Du mußt wissen, daß sich überall dort, wo die goldene Flüssigkeit hingeströmt ist, beruhigende Behaglichkeit, heilende Energie und Wellen der Entspannung ausbreiten ... Stelle dir vor, daß die goldene Flüssigkeit durch deine Zehen strömt ... Sie fließt beruhigend und entspannend durch die Muskeln deiner Füße, durch deine Knöchel in deine Waden ... Fühle, wie die goldene Flüssigkeit beruhigend und entspannend durch deine Knie in deine Oberschenkel strömt ... Entspanne bewußt die langen Muskeln deiner Oberschenkel, wenn die goldene Flüssigkeit deine Beine vollkommen mit Wellen der Behaglichkeit und der Entspannung erfüllt ... Erlaube dann der goldenen Flüssigkeit, sanft durch deine Hüften in deinen Unterbauch zu fließen ... Spüre, wie die goldene Flüssigkeit beruhigend und entspannend um die Muskeln und Organe strömt, wenn sie ihren Weg durch deinen ganzen Rumpf nimmt ... Erlaube der goldenen Flüssigkeit, durch dein Zwerchfell in deinen Brustkorb zu fließen ... Atme tief durch, und wenn du ausatmest, dann entspanne die Muskeln, die deinen Brustkorb umgeben ... Visualisiere, wie die goldene Flüssigkeit sanft durch die Muskeln deines Herzens strömt und deinen Herzschlag beruhigt und kräftigt ... Erlaube dann der goldenen Flüssigkeit, zu deinen Schultern hochzusteigen und sanft in deine Oberarme zu fließen ... Erlaube der goldenen Flüssigkeit, sanft durch deine Arme, deine Ellenbogen hinunter in deine Handgelenke zu strömen ... Hinunter in deine Hände und deine Finger ... Dann sieh, wie die goldene Flüssigkeit sanft in deinen Hals und deinen Kopf fließt und deinen Kopf mit Wellen der Beruhigung und Entspannung erfüllt ... Wenn dein Körper jetzt ganz mit der beruhigenden goldenen Flüssigkeit gefüllt ist ... dann prüfe, ob es irgendwo noch Spannungen oder Verkrampfungen gibt, und wenn das so ist, dann gebrauche deinen Atem und stelle dir vor, daß sich diese Spannungen in die goldene Flüssigkeit auflösen ... Diese goldene Flüssigkeit wird deinen Körper schützen, und nur du, ausschließlich du, kannst zu dem Zeitpunkt, den du wählst, in deinen Körper zurückkehren ... Erinnere dich nun an das Thema, das du bearbeiten willst, und bitte mit mir zusammen dein höheres Bewußtsein und deine eigenen Lehrer und Führer, unsere Partner in diesem Prozeß zu sein ... Bitte sie, daß sie dir die karmische Quelle des Themas aufzeigen und auflösen helfen, das du dir ausgesucht hast.

Visualisiere eine Tür an der gegenüberliegenden Seite deines Raumes. Schau dir an, wie die Tür aussieht. Fühle, wie du aufstehst und zur Tür gehst. Öffne die Tür und gehe hindurch, und wenn du das tust, wirst du von einem kühlen, beruhigenden, farbigen Nebel umhüllt. Schau dir die Farbe des Nebels an. Und visualisiere dann in der Ferne eine Brücke, eine Brücke mit einer Plattform an ihrem hinteren Ende. Begib dich zu der Brücke, überquere sie und sage mir, wenn du sicher auf der Plattform stehst." (Pause)

SALLY: „Ich bin auf der Plattform."

RHEA: „Im nächsten Augenblick werde ich dein höheres Bewußtsein bitten, dich weit, weit, weit zurückzuführen. Zurück zu dem Leben, das die Quelle deiner Angst enthält, deine Gefühle zu erleben ... Verlasse jetzt die Plattform ... und gehe jetzt von der Plattform in das Leben, das die Quelle deiner Angst enthält, deine Gefühle zu erleben ... Schaue jetzt auf deine Füße und sage mir, was du siehst."

SALLY: „Ich sehe juwelengeschmückte Schuhe und weiße Strümpfe."

RHEA: „Gut. Schaue an deinem Körper hoch und sage mir, was du sonst anhast."

SALLY: „Ich trage ein rotes Brokatkleid — sehr schick."

RHEA: „Und dein Oberkörper? Schau auf deinen Kopf.

Bist du männlich oder weiblich?"
SALLY: „Weiblich."
RHEA: „Welchen Namen hast du in diesem Leben?"
SALLY: „Zayto."
RHEA: „Wo stehst du? Schau dich um und beschreibe die Szene."
SALLY: „Ich stehe vor dem Palast. Es ist in China."
RHEA: „In Ordnung. In welchem Jahr lebst du — nach unserer jetzigen Zeitrechnung?"
SALLY: „559 vor Christus."
RHEA: „Gut. Du stehst dort, Zayto, und was geschieht dann?"
SALLY: „Ich gehe zu dem Palast."
RHEA: „Und welche Rolle hast du in der Gesellschaft?"
SALLY: „Ja, ich bin eine Frau, doch ich habe Macht und stamme aus einer mächtigen Familie. Ich bin sehr freimütig. Ich brauche keine Rolle und keine Position in der Gesellschaft."
RHEA: „So, du gehst also zum Palast. Was geschieht da? Erlaube dir wirklich, den Boden unter deinen Füßen zu spüren. (Pause) Und gehe dann zum Anfang des Ereignisses, das die Quelle deiner Angst enthält, deine Emotionen zu fühlen. Was siehst du? Was geschieht? Gehe einfach weiter in der Szene und schau, was passiert."
SALLY: „Ich ging dorthin, um über etwas zu sprechen, das ich für ungerecht hielt."
RHEA: „Ja."
SALLY: „Mein Kopf wurde abgeschlagen."
RHEA: „Achte auf jedes Gefühl in deinem Körper, jede Emotion, die auftauchen mag. (Sally scheint wütend zu werden.) Atme da hinein."

SALLY: „Ich bin so wütend."
RHEA: „Wenn die Wut sprechen könnte, was würde sie sagen?"
SALLY: „Grausam und willkürlich ... so sind die Gesetze."
RHEA: „Was noch?"
SALLY: „Ich werde das niemals glauben. Ich werde niemals wieder sagen, was ich denke. Alle schauen mir von außen zu, schauen zu, wie ich sterbe ... und kritisieren mich. Ich weiß, daß ich für alle gesprochen habe. Ich war ihr Vorredner, und sie haben sich nicht hinter mich gestellt."
RHEA: „Sage das noch einmal, ich will nie wieder sagen, was ich denke."
SALLY: „Ich will nie wieder sagen, was ich denke, ich will nie wieder sagen, was ich denke."
RHEA: „Gut. Welcher Satz beginnt denn mit ‚Ich werde immer'?"
SALLY: „Ich werde mich immer im Hintergrund halten und nur noch im stillen um Ungerechtigkeiten kümmern."
RHEA: „Was beginnt noch mit ‚Ich werde immer'?"
SALLY: „Ich werde meine Gefühle immer dämpfen, damit ich es nicht so stark spüren muß ... damit ich mich nicht gezwungen fühle, zu reden ... ich werde mich nicht mehr kümmern ... ich will nie wieder so starke Gefühle haben. (Sallys Stimme klingt immer emotionaler.)
RHEA: „Sag das nochmal."
SALLY: „Ich will nie wieder so stark fühlen." (Sie weint)
RHEA: „Sag es nochmal."
SALLY: „Ich will nie wieder so stark fühlen." (sehr ge-

fühlsbetont)

RHEA: „Sag es nochmal."

SALLY: „Ich will nie wieder so fühlen. (Das Weinen hält an, erreicht einen Höhepunkt und beruhigt sich dann.) Es ist leichter, taub, stumm und blind zu sein."

RHEA: „Wie willst du das machen, daß du nie wieder so fühlst?"

SALLY: „Ich werde meine Sinne dämpfen. Ich will meine Sinne und meine Intuition und meine Reaktionen blockieren."

RHEA: „Gut, was noch?"

SALLY: „Ich will versuchen, daß die Dinge mich nicht mehr berühren."

RHEA: „Gehe jetzt durch den Tod. Schau, was es auf der anderen Seite des Todes gibt ... Und erschaffe dann mit den Augen deines Geistes einen Tunnel und benutze den Tunnel, um zurück durch Zeit und Raum zu gelangen, in den Raum zwischen den Leben, als du, in deinem höheren Bewußtsein, den Körper und das Leben erschufst, das wir gerade angeschaut haben. Wozu diente dieses Leben als Zayto wirklich? Welche Lektion wolltest du in diesem Leben lernen?"

SALLY: „Mich sehr stark zu fühlen. Mit den Leuten und ihren Schwierigkeiten verbunden zu sein und für das Licht zu sprechen. Ich mußte Licht bringen. Ganz gleich, was es kosten würde. Und sie aufwecken. Und ich mußte die Frauen ermutigen, sich selbst zu vertrauen, ihrer eigenen Kraft."

RHEA: „Wenn du also den Standpunkt deines Selbstes einnimmst, des Wesens, das war, bevor du die Geschichte oder die Erfahrung des Lebens als Zayto machtest, wer

war verantwortlich dafür?"
SALLY: „Mein Selbst."
RHEA: „Dann hast du dich für das entschieden, was geschehen ist?"
SALLY: „Es scheint so, als ob ich mich für alles bis zu meinem Tod selbst entschieden habe, doch so, wie ich gelebt habe, gab es keine wirkliche Wahl für mich, ich habe mich selbst da hineingezogen. Ich hatte wirklich alles gesagt, was es zu sagen gab."
RHEA: „Warst du dann das Opfer?"
SALLY: „Nein, überhaupt nicht."
RHEA: „Würde es für dich in Ordnung sein, einige der Entscheidungen, die du unter dem Einfluß dieses Lebens getroffen hast, aufzugeben?"
SALLY: „Ja. Da ist noch eine kleine, lästige Angst, doch aus dem Wissen meines tieferen Selbst weiß ich, daß es in Ordnung ist."
RHEA: „Dann sieh, wie Zayto vor dir steht, und höre, was sie Sally sagen möchte. Was will sie dich wissen lassen?"
SALLY: (weint) „Daß es wirklich wichtig ist, mutig zu sein. Es befriedigt viel mehr, als sich zu verstecken. Und sie will, daß ich weiß, wie wunderbar es für sie war, so mutig gewesen zu sein, so stark ... ihre Wahrheit ausgesprochen zu haben."
RHEA: „Und erlaube dir jetzt zu fühlen, was es kostet, wenn du nicht zu deiner Wahrheit stehst; was es dich an Lebendigkeit kostet, wenn du dich selbst zurückhältst."
SALLY: „Diese Kosten habe ich immer gezahlt."

Am Ende der Rückführung war Sally sehr bewegt und erschüttert. Sie hatte sich selbst erlaubt, berührt zu sein.

Zum erstenmal in ihrem Leben erfuhr sie ein tiefes Gefühl. Obwohl sie noch ziemlich ängstlich war, fand sie es aufregend, sich selbst endlich auszudrücken und ihre Wahrheit mitzuteilen. Außerdem war sie sehr gespannt, ihren Mann zu sehen.

Vor kurzem beendeten wir ein Lichtarbeitertraining in Hamburg. Während unseres letzten gemeinsamen Mittagessens unterhielt ich mich mit Ute und Uli, die ihr Training gerade beendet hatten. Ute und ich sprachen darüber, was sie nach dem Training tun würde und wie sich ihr Leben verändert hatte, seit sie sich selbst zur Heilerin ausbildete. Uli hörte zu, und dann war er weg. Ich hatte noch nicht einmal bemerkt, wann er gegangen war und warum. Da kam eine der Frauen aus der Gruppe in den Speisesaal gerannt, um mich zu holen. Es hatte einen Unfall gegeben. Uli war verletzt. Die Frau führte mich nach draußen auf den Parkplatz. Uli saß im Wagen von Clemens, einem Freund Ulis, der auch im Training war, während sich ein anderer bemühte, Clemens den Weg zum Krankenhaus zu beschreiben. Ulis Hand war übel zugerichtet und blutig.

Ich fand heraus, was geschehen war. Eine der Frauen hatte versucht, ihren Wagen zu starten, und Uli und Clemens hatten ihr dabei geholfen. Auch Clemens hatte vergeblich versucht, den Wagen anzulassen. Uli kontrollierte gerade den Treibriemen des Vergasers, als Clemens es noch einmal probierte. Der Wagen sprang an.

Wir begleiteten sie ins Krankenhaus. Clemens war sehr erregt. Uli wurde geröntgt und kam in die Chirurgie. Als uns klar wurde, daß wir nichts mehr tun konnten, ließen wir ihn in der Obhut der Ärzte. Wir gingen zurück, um die Gruppe zu beenden. Clemens kam kurze Zeit später. Er fühlte sich extrem schuldig und hatte einen Schock. Die Gruppe war so eng zusammengewachsen, daß jeder Ulis Schock spürte. Eine halbe Stunde später kamen Ute und Uli. Ulis Arm war bis zum Ellenbogen bandagiert. Er hatte drei Fingerspitzen verloren.

In den nächsten fünfzehn Minuten wurde klar, daß Uli Clemens vergeben konnte, das Auto angelassen und ihn damit verletzt zu haben. Als wir Clemens fragten, ob er sich vergeben könne, reagierte er ziemlich emotional. Alle fühlten wir das Gewicht seiner Schuld. Er brauchte eine ganze Weile, bis er sich vergeben konnte. Als er es letztendlich schaffte, wurde klar, daß er sich viel mehr vergeben hatte als den Zwischenfall mit Uli. Jeder im Raum fühlte, daß sich eine Last auflöste, als er sich für alle Situationen vergab, in denen er glaubte, einem anderen geschadet zu haben. Jeder von uns fühlte die Vergebung. Indem er sich selbst vergab, hatte Clemens die Bürde der Schuld für jeden von uns erleichtert. Es war klar, daß wir alle miteinander verbunden sind und daß das, was einem Menschen geschieht, uns allen passiert.

Ich erinnerte mich daran, daß Clemens am Morgen das Christusbewußtsein gechannelt hatte. In dem Augenblick, als Clemens sich selbst vergab, hatte ich die direkte Erfahrung, wie die Vergebung eines Wesens mit der Vergebung aller in Verbindung steht. Zum erstenmal verstand ich die Auswirkung, die die Vergebung Christi am Kreuz auf uns alle hat.

Da ich weiß, daß es keine Zufälle gibt, machte ich ein paar Tage später mit Uli eine Rückführung, um den

Grund für den Unfall zu finden. Hier ist das Protokoll der Sitzung: (Ich habe die Entspannungsphase ausgelassen.)

RHEA: „Wenn du hier stehst, hier auf der Plattform, dann werde ich dein höheres Bewußtsein bitten, dich weit, weit zurück in das Leben zu führen, das die Quelle für deinen Unfall mit der Hand enthält. Tue das jetzt, tritt von der Plattform auf festen Boden und erfahre das frühere Leben, das den karmischen Grund für den Unfall mit deiner Hand enthält. Beurteile nichts, laß es einfach so sein, wie es ist."
ULI: „Ich stehe mit nackten Füßen auf Sand."
RHEA: „In Ordnung. Schaue deinen Körper an und sage mir, ob du irgendeine Kleidung trägst."
ULI: „Graue Hosen."
RHEA: „Schaue deinen Kopf und deine Schultern an, bist du männlich oder weiblich?"
ULI: „Männlich. Ich habe lange Haare. Ich bin sehr dünn, groß ... schwarzes Haar, dunkles Haar."
RHEA: „Wie heißt du in diesem Leben?"
ULI: „Mon."
RHEA: „Und wie ist der moderne geographische Name deines Landes?"
ULI: „Irgendwo in den Alpen."
RHEA: „Gut. In welchem Jahr lebst du nach unserem jetzigen Kalender? Gebrauche deinen Atem und entspanne dich. Laß dich tiefer hineinsinken. Sage, was immer dir kommen mag. In welchem Jahr lebst du?"
ULI: „Zuerst kam 1800, dann 640."
RHEA: „Gut. Schaue dich um und beschreibe die Szene. Wo stehst du?"

ULI: „In der Ferne sehe ich einen Wald und einige Berge."
RHEA: „Ist jemand bei dir?"
ULI: „Nein."
RHEA: „Gut. Wie ist deine Stellung in der Gesellschaft oder deine Beziehung zur Gesellschaft? Welche Arbeit tust du?"
ULI: „Ich bin ein Heiler. Es scheint so, als ob ich nicht sehr in die Gesellschaft integriert bin."
RHEA: „Gut. Was denkst du denn, wenn du so dastehst? Laß die Gedanken einfach in dein Bewußtsein dringen."
ULI: (wird sehr emotional und beginnt zu weinen)
RHEA: „Welche Gedanken lösen diese Gefühle aus?"
ULI: „Um mich ist alles dunkel. Ich fühle mich so hilflos."
RHEA: „Geh einfach rein."
ULI: (schluchzt) „Ich habe das Gefühl, total versagt zu haben. Ich wollte einem anderen helfen, und ich konnte nicht. Ich habe etwas mit ihm gemacht. Ich habe ihn verletzt, vielleicht sogar getötet ... Und jetzt bin ich hier in den Bergen und weiß nicht, was ich mit dem Rest meines Lebens anfangen soll."
RHEA: „Geh zurück zu dem Zwischenfall, dessentwegen du dich so schuldig fühlst. Schau, was geschehen ist. Was ist passiert? Schau dich um, wo du bist."
ULI: „Ich sitze neben der Person. Er liegt dort. Es ist schwierig, das Bild zu halten."
RHEA: „Bleibe dort. Sei bei ihm und setze dich. Wie ist deine Beziehung zu der Person, die dort liegt?"
ULI: „Freund. Es ist etwas mit ihm geschehen, und ich konnte ihm nicht helfen. (Die Emotionen werden wieder stärker.)
RHEA: (drückt auf Ulis Solar Plexus) „Laß den Schmerz los."

ULI: (schluchzt) „Ich sehe, wie er und ich bergsteigen, und irgendwie sind wir sehr hoch geklettert. Ich war vorne, und irgendwie habe ich Steine losgetreten, und er stürzte vom Felsen ab. Jetzt knie ich neben ihm, und er ist tot. Es war mein Fehler, weil ich nicht aufgepaßt habe, wohin ich trete."

RHEA: „Was entscheidest du, während du so neben ihm kniest?"

ULI: „Ich werde mich nie wieder sicher fühlen."

RHEA: „Was heißt das, sicher fühlen?"

ULI: „Ich fühlte mich immer so sicher und gewiß, daß ich mich in dieser Gegend bewegen konnte, ohne daß mir oder einem anderen etwas passiert. Ich habe nicht aufgepaßt, und jetzt will ich vorsichtig sein. Ich will immer sehr vorsichtig sein. (mehr Schluchzen) Ich wünschte, ich könnte ihn zurückholen. Doch ich habe nicht die Macht dazu. Ich fühle mich so hilflos."

RHEA: „Gehe einfach in diese Hilflosigkeit. Laß dich diese Hilflosigkeit spüren. Und hast du noch etwas entschieden, das mit ‚Ich werde nie wieder' beginnt?"

ULI: (schluchzt weiter) „Ich werde mir nie wieder vertrauen."

RHEA: „Sage es noch einmal."

ULI: „Ich werde mir nie wieder vertrauen ... Ich werde mir nie wieder vertrauen."

RHEA: „Und was noch?"

ULI: „Ich werde meinem Wissen nie wieder vertrauen. Ich werde nie wieder vorausgehen."

RHEA: „Sag das nochmal."

ULI: „Ich werde nie wieder vorausgehen. Ich werde nie wieder vorausgehen."

RHEA: „Und was ist da noch?“
ULI: „Was habe ich getan? Ich werde nie wieder behaupten, ein Heiler zu sein, weil ich nicht helfen konnte ... Ich konnte wirklich nicht helfen.“
RHEA: „Und was gibt es, das mit ‚Ich werde immer‘ beginnt? Ich werde immer ...“
ULI: „Ich werde immer, ich werde immer sehr normal und sehr vorsichtig sein. Ich werde mich immer vorsehen, enge Freunde zu haben.“
RHEA: „Was bedeutet das ... sich vor engen Freunden vorsehen?“
ULI: „Ich will so etwas nie wieder erleben.“
RHEA: „Wenn du jetzt neben deinem Freund kniest, dann schaue in sein Gesicht, schaue durch seine äußere Erscheinung und seine Persönlichkeit und schau, ob du das Wesen aus deinem Leben als Uli kennst.“
ULI: „Ein sehr lieber Freund.“
RHEA: „Schau, ob du das Wesen in deinem Leben als Uli kennst. So wie du damals Mon warst und jetzt Uli bist ...“
ULI: (weint erneut) „Ich glaube, es war Ute.“ (seine jetzige Frau)
RHEA: „Gehe dahin zurück, wo wir angefangen haben. Du schautest über die Berge und grübeltest nach, was du mit dem Rest deines Lebens anfangen solltest. Dann spule die Szene weiter ab und sieh, was geschehen ist. Was passierte als nächstes?“
ULI: „Ich gehe auf die Seite. Ich will im Wald sein ... im Dunkeln. Und ich glaube, daß ich mein Leben beenden will.“
RHEA: „Dann schau, was geschieht.“
ULI: „Hinter dem Wald ist ein Felsen. Und ich glaube, daß

ich da hinunterspringen will. Ich entscheide mich, die Nacht abzuwarten."
RHEA: „Und was geschieht? Was geschieht genau?"
ULI: „Ich sitze und warte, und jetzt ist es dunkel. Es ist Nacht. Irgendwie fühle ich mich sehr ruhig. Ich gehe zu dem Felsen. Es ist fast so, als ob ich mich abgebe ... Ich falle in die Dunkelheit."
RHEA: „Schau jetzt, ob du da irgend etwas entschieden hast, was dein Leben als Uli jetzt beeinflußt."
ULI: „Ich will so ein Leben nie wieder leben."
RHEA: „Was bedeutet ‚so ein'?"
ULI: „So hilflos zu sein ... Ich will stark sein und sicher."
RHEA: „Schau, welche Entscheidungen du im Zusammenhang mit deinem Selbstmord getroffen hast."
ULI: „Es ist nicht richtig. Es ist nicht richtig, es zu tun, aber ich weiß nicht, wohin ich gehen soll, was ich tun soll. Es war wie ein Versteck für mich."
RHEA: „Was soll einem Menschen passieren, der so etwas getan hat wie du? Ich weiß nicht, ob da etwas ist, ich möchte, daß du es dir anschaust."
ULI: „Ich wollte immer klar sein. Ich wollte wissen, wie ich mit meinem Leben umgehe. Und wenn ich auf der Erde sein muß, dann will ich wissen, wie ich damit fertig werde. Ich fühle mich so verloren." (weint)
RHEA: „Sag das nochmal."
ULI: „Ich fühle mich so verloren ... so hilflos."
RHEA: „Gehe jetzt zu dem Augenblick in jenem Leben, der genau der Grund für deinen Unfall mit der Hand ist."
ULI: „Ich habe versucht, diesen Menschen festzuhalten. Ich konnte nicht. Meine Hand rutschte einfach weg. Weil ich nicht stark genug war ...

Ich will stark sein. Und helfen."
RHEA: „Gut. Gehe jetzt zu dem Augenblick des Sterbens zurück. Gehe durch dem Prozeß, den Körper zu verlassen, und erlebe, was auf der anderen Seite dieses Todes wartet. Erschaffe mit dem Auge deines Geistes einen Tunnel. Benutze diesen Tunnel, um durch Zeit und Raum in die Periode zwischen den Leben zu gelangen, als du, in deinem höheren Bewußtsein diesen Körper und diese Erfahrung als Mon erschaffen hast. Und schaue dir von deinem höheren Bewußtsein aus an, wozu dieses Leben wirklich diente. Welche Lektion wolltest du in diesem Leben lernen?"
ULI: „In der physischen Realität zu sein und wirklich zu lieben. Ich glaube, daß es, daß es so schwierig ist, das, was ich hier erlebe, in einen physischen Körper zu bringen. Ich will das so gerne tun. In dieser Liebe und diesem Licht zu sein und das in die Dichte der physischen Realität zu bringen. Das zu versuchen. Das in diesen physischen Raum zu bringen."
RHEA: „Und wie haben dich die Ereignisse in diesem Leben dabei unterstützt, dies zu lernen oder den Schritt selbst zu tun?"
ULI: „Ich hatte einen Lehrer, der mir beibrachte, wie man mit Kräutern heilt. Ich konnte einigen Menschen helfen. Doch anderen konnte ich nicht helfen, und darüber war ich sehr traurig. Und diese Traurigkeit, zu versagen, überkam mich immer mehr. Und ich verlor mehr und mehr diesen fröhlichen, liebevollen Raum, der zu Anfang um mich war."
RHEA: „Rufe jetzt in dieser Periode zwischen den Leben das Wesen, das dein Freund in jenem Leben war, und sieh,

welche Übereinkunft ihr getroffen habt, bevor ihr euch in die Körper jenes Lebens inkarniertet. Wie wollte dieses Wesen dir helfen?"

ULI: „Es sollte mich daran erinnern, daß wir nicht der physische Körper sind. Und daß es Liebe und Licht hinter all dem gibt. Es kann in jeder Situation dasein. Ich habe es nicht gehört. Ich konnte es nicht sehen."

RHEA: „Schau dir an, ob du irgend etwas über diesen Selbstmord beschlossen hast, bevor du in diesen Körper gingst. Das kann sein oder auch nicht, ich will nur, daß du nachschaust."

ULI: „Nein. Ich glaube, daß es eine Warnung gegeben hat, eine ganz schwache Warnung, daß das geschehen kann und daß ich mir bewußt sein soll, daß das keine Lösung sein kann."

RHEA: „Also, wenn du und dein Freund, wenn ihr euch abgesprochen habt, bevor ihr euch in die Körper dieses Lebens inkarniertet, kann es da irgendeine Schuld geben?"

ULI: (lächelnd) „Nein."

RHEA: „Kannst du dir selbst dafür vergeben?"

ULI: „Ja, ja."

RHEA: „Gut. Und vergibst du dir, dich umgebracht zu haben?"

ULI: „Ja."

RHEA: „Eigentlich ist das alles ziemlich albern, findest du nicht?"

ULI: „Ja. So dicht dran zu sein. So stur. Diese Realität ist so dicht. Es ist wie Fischen im Dunkeln."

RHEA: „Gut. Bleibe im Tunnel. Stelle ihn dir einfach noch einmal vor. Gehe diesmal durch Zeit und Raum, bis du in die Periode vor diesem Leben kommst, bevor du dich in den Körper als Uli inkarniert hast. Und rufe von deinem höheren Bewußtsein aus das Wesen, das in diesem Leben Clemens ist. Dann schau dir an, welche Übereinkunft du mit Clemens vor eurer Inkarnation über diesen Zwischenfall mit deiner Hand getroffen hast. Schau einfach, ob da irgend etwas ist."

ULI: „Mir kam gerade das Wort ,Warnung'. Er will mir einen Anstoß geben."

RHEA: „Dann sieh jetzt Clemens vor dir stehen und höre seinem höheren Bewußtsein zu, was er wirklich wollte. Was sagt er?"

ULI: „Er ist sehr freundlich. Und er sagt, daß ich denselben Fehler nicht noch einmal machen soll. Ich soll mich nicht verschließen, sondern öffnen. Mich öffnen. Um eine neue Ebene zu erreichen. Ich kann jetzt sehen, daß ich dabei war, mich zurückzuziehen, Mauern um mich aufzubauen; und jetzt ist es Zeit, sie alle einzureißen."

RHEA: „Und was ist die Wahrheit über den Heiler?"

ULI: „Ich weiß nicht genau, doch es ist nicht wegen der Sicherheit. Ich muß keine Angst haben oder mich an einem sicheren Ort aufhalten. Ich sehe alles ganz klar. Es ist schwierig zu beschreiben. Mir ist, als ob ich zugleich weine und lache. Ich sehe soviel Hilfe um mich. Ich habe mich immer geweigert, das zu sehen."

RHEA: „Hast du die Warnung verstanden?"

ULI: (strahlend) „Ja."

RHEA: „Es gibt soviel Licht."

ULI: „Ja, gerade vor mir. Und ich sehe, wie die Wände wie Eierschalen zerbrechen."

RHEA: „Jetzt kannst du das Licht reinlassen."

ULI: (lacht) „Ich kann es immer noch nicht glauben."

Nach der Sitzung fragte ich Uli, was ihm vor dem Unfall durch den Kopf gegangen war, als ich mich mit Ute unterhalten hatte. Er sagte, daß er sich bei dem Gedanken, ein Heiler zu werden, plötzlich unwohl gefühlt habe. Er hörte, wie einer wegen seines Autos um Hilfe bat, und er wollte helfen. Er fühlte sich außerdem sicherer, wenn er die Unterhaltung verließ. Er wußte alles über Autos. Wieder entschied er sich für die Sicherheit. Er fühlte, daß er sich schon immer für die Sicherheit entschieden hatte und daß es Zeit für ihn wurde, hervorzutreten. Clemens gab ihm den Anstoß. Das Training war zu Ende, und Uli fühlte, daß er sich von all dem, was er gelernt und erfahren hatte, zurückziehen wollte. Die Unterhaltung, die ich mit seiner Frau führte, hatte die gewohnte Antwort ausgelöst — Rückzug zum Vertrauten. Clemens erinnerte ihn daran, seine Chance, das zu tun, wozu er gekommen war, nicht zu verpassen. Es gibt keine Unfälle. Uli hatte verstanden!

Selbstmord ist schlechtes Karma. Uli verpaßte die Chance, das zu lernen, was er sich für das Leben als Mon vorgenommen hatte. Wir erreichen immer das Ziel eines Lebens, ganz gleich, wie die Umstände der Geschichte aussehen — außer wenn wir uns umbringen. Dann müssen wir zurückkommen, den Selbstmord klären und noch einmal beginnen. Das ist es nicht wert. Mon hatte seine Mission aufgegeben. Viele Leben später befaßt er sich immer noch damit. Ich habe Ulis darauffolgende Leben nicht untersucht, doch die Nachwirkungen eines Selbstmordes sind, wenigstens in den westlichen Kulturen, sehr ernst. Gewöhnlich werden die Menschen in dem Leben nach einem Selbstmord mit einem angeborenen Körperschaden wiedergeboren. Ein Klient, mit dem ich arbeitete, war im Zweiten Weltkrieg ein hoher SS-Offizier. Er war für die Vergasung vieler Juden verantwortlich und der Vision vom Dritten Reich völlig ergeben. Als er erkannte, daß sein Traum zu einer Katastrophe geworden war, beging er Selbstmord. In diesem Leben wurde er mit einem schweren Lungenschaden geboren. Er braucht tägliche Pflege, häufige Aufenthalte im Krankenhaus und fühlt sich oft nicht wohl. Er bestraft sich immer noch dafür, die Juden vergast zu haben.

Selbstmord ist auch ein gutes Beispiel dafür, daß wir unser Karma selbst erschaffen und daß es kein universelles Gesetz ist. In der jüdisch-christlichen Kultur hat Selbstmord, soweit ich das beurteilen kann, drastische Folgen. Selbstmord fällt unter ein strenges kulturelles Tabu. Es spielt dabei keine Rolle, in welchem Geisteszustand sich das Individuum befindet. Wenn es dieses Tabu verletzt, verletzt es seine persönliche Integrität, und dafür bestrafen wir uns. In einem Leben als klassischer japanischer Samurai dagegen wird Selbstmord als ehrenwert eingeschätzt und hat keine karmischen Auswirkungen. Wir erschaffen das Karma. Wir sind nicht die Opfer eines universellen Gesetzes. Wir programmieren unseren eigenen persönlichen „Computer“ und spulen die Programme Leben für Leben ab.

Die Menschen glauben manchmal, so wie Mon, daß Sterben ein Ausweg ist. Sie glauben, daß sie nach Hause zu Gott kommen, wenn sie ihren physischen Körper aufgeben. Das habe ich so nicht beobachtet. Ein Klient, mit dem ich arbeitete, verglich seine Erfahrung mit einem Bahnhof. Er sagte, daß das Sterben wie ein Zug sei, der aus dieser Dimension herausfährt. Jedoch fahre der Zug nur bis zu einem Bahnhof, wo er auf den nächsten Zug wieder zurück in diese Realität warten müsse. Wenn man den Schnellzug heraus aus dieser Realität nehmen will, muß man zuerst das erledigen, weswegen man hierhergekommen ist. Wir müssen den Vertrag erfüllen.

*****

Als ich mit Menschen an ihren vergangenen Leben zu arbeiten begann, experimentierte ich so lange, bis ich eine Technik fand, die mir zusagte. Du willst vielleicht selber experimentieren. Ich spreche jetzt die Technik durch, die ich verwende, damit du etwas hast, womit du arbeiten kannst, wenn du eine Rückführung machen möchtest.

Wenn du kein Interesse an der Technik hast, kannst du dieses Kapitel überspringen.

Zuerst ein Wort der Warnung: Rückführungen sind ein wirkungsvolles Werkzeug und kein Gesellschaftsspiel. Jede Rückführung hat das Potential, starke Gefühle auszulösen. Bitte behandle den Prozeß und die Menschen, mit denen du arbeitest, mit Achtung.

Ich fühle mich an eine Rückführung erinnert, die ich mit einer kleinen Gruppe in Manhattan machte. Eine Frau durchlebte die Erfahrung, in ein Feuer zu laufen, um ihr Baby zu retten. Als sie an diesem Abend nach Hause ging, waren ihre Füße mit großen Blasen bedeckt. Am nächsten Tag zeigte sie mir ihre „Verbrennungen". Die Blasen blieben nur vierundzwanzig Stunden und taten nicht weh. Es war eine starke Befreiung ihres Zellgedächtnisses gewesen. Während ich dich also durchaus ermutige, selbst neue Wege zu entdecken, lege ich dir nahe, den Vorgang nicht zu leicht zu nehmen.

Beginne mit keinem Menschen, einschließlich deiner selbst, eine Rückführung, wenn du den Prozeß nicht ganz zu Ende führen willst. Du darfst niemanden brennend auf dem Scheiterhaufen zurücklassen, nur weil du dich plötzlich unwohl fühlst. Das bestärkt nur die Verhaltensmuster, die du auflösen wolltest. Führe den Klienten immer durch den Tod und lasse ihn sehen, wozu dieses Leben wirklich diente.

Wenn es dir nicht gelingt, ihn durch den Tod zu führen, dann machst du wahrscheinlich ein Clearing und keine Rückführung. Astrale Energien, die sich im Körper eines Menschen aufhalten, wissen oft nicht, daß sie tot sind. Wenn es dir also nicht gelingt, durch den Tod zu gehen, sprichst du vielleicht mit einem anderen Wesen, anstatt die Erinnerungen des vergangenen Lebens der Person aufzuspüren, die vor dir liegt.

Wenn ich sage: „Gehe genau zu dem Augenblick, bevor du stirbst", und ich bekomme die Antwort: „Aber ich bin nicht tot. Ich bin hier.", dann mußt du zuerst ein Clearing machen, bevor du mit der Rückführung beginnen kannst. Mehr darüber findest du in Kapitel vier.

Ich verwende eine allgemein übliche Entspannungstechnik. Auch hier besteht nicht die Intention, den Klienten zu hypnotisieren. Du kannst die Entspannungstechnik für die Person verändern, mit der du arbeitest. Wenn jemand mit dieser Art von Arbeit unvertraut ist, braucht er vielleicht etwas mehr Zeit, um sich auf die einzelnen Muskelgruppen zu konzentrieren und den Atem bei der Entspannung einzusetzen.

Lasse die Klienten ihre Füße visualisieren, bevor sie sich das goldene Licht vorstellen, denn sonst ertrinken sie darin. Sage nicht, daß die goldene Flüssigkeit durch die Kehle fließt statt durch den Hals, denn dann könnten die Klienten husten.

Ich sage jedesmal, daß der entspannte Körper vor dem Eindringen von Wesen aus der Astralebene geschützt ist. Damit gebe ich eine Erklärung an das Universum ab, daß der Körper nicht frei verfügbar ist, wenn das Bewußtsein anderweitig beschäftigt ist. Wahrscheinlich ist das gar nicht nötig, doch ich hatte zu viele Erfahrungen mit der Astralebene, um irgendein Risiko einzugehen. Und es gibt keine Opfer. Letztendlich sind wir alle eins, und es gibt nichts, wovor wir uns schützen müßten, denn nichts existiert außerhalb unserer selbst. Vorläufig aber können wir ebensogut wachsam sein.

Ich erkläre immer ausdrücklich, daß das eigene Bewußtsein des Klienten und seine spirituellen Lehrer anwesend sind, und bitte sie um ihre Mithilfe. Das geschieht sowieso, doch ich finde es hilfreich, mich selbst daran zu erinnern, daß nicht „ich" die Arbeit tue. Diese Erklärung hilft mir, die richtige Perspektive zu wahren.

Am Ende der Entspannungsphase geht der Klient durch eine Tür und erfährt durch den Nebel eine zusätzliche Beruhigung. Wenn ich den Klienten darum bitte, mir die Farbe des Nebels zu nennen, ist das für ihn der erste Schritt, zu sagen, was er sieht, anstatt bewußt etwas zu erfinden. Der Unterschied läßt sich leicht fassen. Nimm dir eine Minute Zeit und überlege, was du gestern abend gegessen hast. Schließe deine Augen und gib dich ganz der Erinnerung hin; der Erinnerung an die Atmosphäre, den Geschmack, den Geruch und die Unterhaltung. Und stelle dir jetzt vor, was du morgen abend essen wirst. Gib dich genauso dieser Erfahrung hin. Kannst du den Geschmack, den Geruch und die Unterhaltung erleben? Achte jetzt auf den Unterschied zwischen den beiden Erfahrungen. Gewöhnlich bemerken die Menschen einen Unterschied zwischen Erinnerung und Vorstellung.

Das Überqueren der Brücke soll das Überschreiten der Dimension symbolisieren. Ich bitte die Leute, auf ihre Füße zu schauen und mir zu sagen, ob sie Schuhe oder ob sie keine tragen, um sie in die Erfahrung einzuführen. Oft sind die Fragen nach Namen und Daten schwierig. Diese Informationen kommen aus der linken Gehirnhälfte, und der Prozeß läuft über die rechte. Manchmal haben die Leute Schwierigkeiten, umzuschalten. Die ersten Fragen über die Rolle der Person, wo sie sich aufhält und was an diesem Tag geschehen ist, dienen dazu, sie mehr in jenes Leben einzuführen. Wenn ein Klient gleich am Anfang eine traumatische Erfahrung macht, dann führe ihn zu dem Augenblick vor dem Ereignis, damit er sich in das Leben eingewöhnen kann. Danach kannst du ihn sanft in die traumatische Situation geleiten.

Ich ermutige die Menschen stets, ihre Emotionen voll zum Ausdruck zu bringen. Die unterdrückte Energie dieser Emotionen hilft, die damals getroffenen Entscheidungen festzuhalten. Das Loslassen dieser Energien wirkt befreiend, ganz gleich, wie unbequem sich die Befreiung anfühlen mag.

Morris Netherton, ein bekannter kalifornischer Reinkarnationstherapeut, lehrte mich die Technik, den Klienten die Entscheidung, die er loswerden will, so lange wiederholen zu lassen, bis die Energie losbricht oder befreit wird. Ich finde das entscheidend wichtig. Verhaltensmuster und Entscheidungen prägen sich dem Unterbewußtsein für viele Leben ein. Wenn man eine Entscheidung wiederholt, die man gerade durch Wiederholung immer wieder bestärkt hat, ist es so, als ob man die einzelnen Lagen wieder abschält. Selbst wenn anfänglich keine Energie mit den Worten verbunden ist, wird sie durch die Wiederholung hervorgezogen. Du wirst fühlen, wann der Klient die Energie losläßt. Vielleicht geschieht es, nachdem der Satz dreimal wiederholt wurde, vielleicht erst nach dem zwanzigsten Mal.

Deine Intuition oder Führung oder dein Wissen um diesen Menschen wird dir sagen, welchen Satz er wiederholen soll. Zum Beispiel enthält die Entscheidung: „Ich werde nie wieder rote Federn tragen“ nicht so starke emotionale Energien wie „Ich werde mir nie wieder trauen.“ Du wirst ein Gefühl dafür entwickeln, wenn du mit Leuten arbeitest.

Wenn ich mit einem Menschen arbeite, presse ich oft seinen Solar Plexus oder sein drittes Chakra (am unteren Ende des Brustbeins). Dieses Energiezentrum wird mit Willen, Macht und Angst in Zusammenhang gebracht. Es ist außerdem der Kreuzungspunkt von Meridianen (Energielinien) und daher eine Stelle, wo man leicht Zugang zu Emotionen findet. Ich balle meine rechte Hand zur Faust, weil ich Rechtshänder bin, und drücke ganz leicht mit dem Knöchel meines Daumens. Wenn irgendeine Emotion im Körper festsitzt und der Klient Mühe hat, damit in Berührung zu kommen, hilft ihm das. Wenn wir in unseren Gruppen Menschen trainieren, selber Rückführungen zu begleiten, finden wir bei den Teilnehmern oft das Bedürfnis, den Klienten zu trösten. Die Person, die zum erstenmal eine Rückführung macht, will den Kopf ihres „Klienten“ streicheln, wenn er durch einen emotional erregenden Prozeß geht. Oder er versucht, den Magen oder den Arm zu reiben, so wie man es eben macht, damit es besser wird. Doch das verwirrt den Klienten nur und lenkt ihn von seiner Erfahrung ab. Die Klienten sind die Schöpfer ihrer Erfahrungen. Sie werden damit fertig. Wenn du den Solar Plexus langsam und beständig preßt, hilfst du dem Klienten, tiefer in seine Erfahrung einzudringen, und befreist die blockierte Energie.

Wenn jemand in der Rückführung einen extrem schmerzhaften Tod erleidet oder sich vom Tod überrascht fühlt, dann frage ihn nach dem Augenblick, in dem er sich für den Tod entschieden hat. So einen Augenblick gibt es immer. Selbst im Leben entscheiden wir uns für den Tod. Stets folgt das Ereignis des Todes der Entscheidung, zu sterben.

Manchmal fällt es den Menschen schwer, in die Periode zwischen den Inkarnationen in ihr höheres Bewußtsein zu kommen. Vielleicht mußt du die Anweisung wiederholen. Was dann folgt, ist meist eine Sache des Vertrauens. Die Leute glauben, daß sich ihr höheres Bewußtsein anders anhören muß als ihre normalen Gedanken. Ermutige sie, alles zu sagen, was kommt.

Wenn der Zweck des Lebens irgendein Urteil enthält, irgendeine Rache oder Negativität, kannst du sicher sein, daß der Klient nicht in seinem höheren Bewußtsein ist. Laß ihn dann noch einmal schauen. Der Zweck eines Lebens kommt immer aus einer Ebene jenseits allen Urteils. Manchmal ist der Zweck eines Lebens, die Erfahrungen eines anderen Lebens auszubalancieren. So erfährt man in einem Leben Erniedrigung, nachdem man in einem anderen Arroganz und Stolz erlebt hat. Das sind jedoch nur Möglichkeiten und keine Urteile.

Wir haben Form angenommen, um alles auszuprobieren, was auf diese Weise möglich ist. Und das haben wir. Es ist weder gut noch schlecht. Es sind alles unterschiedliche Gesichter Gottes.

In dem Raum zwischen den Inkarnationen kann ein Mensch mit dem oder den Wesen Kontakt aufnehmen, die sich bereiterklärt haben, in jenem Leben eine Hauptrolle zu spielen. Wenn sie sich darüber im klaren sind, daß sie sich dafür entschieden haben, einander zu dienen, und wählten, was ihnen zustoßen sollte, um bestimmte Dinge zu lernen. gibt es natürlich keine Schuld. Es gibt auch keinen Grund für Zukunftsangst, denn es wird klar, daß wir immer die Verantwortlichen sind und alles auswählen, was uns geschehen soll. Wir müssen anderen nicht eine Handlung vergeben, um die wir sie gebeten haben.

Um die Rückführung abzuschließen, bitte ich den Klienten, mit dem Aspekt seiner selbst, der das Leben gelebt hat, Kontakt aufzunehmen. Das wirkt gewöhnlich sehr heilend. Oft dauert die Beziehung noch lange nach der Sitzung an, und bewußt kommunizieren die gegenwärtige und die vergangene Persönlichkeit miteinander. Die Zeit läuft simultan. Die Heilung, die dabei geschieht, betrifft die „vergangene“ und alle folgenden Inkarnationen. Du kannst die Vergangenheit verändern, wenn du sie in der Gegenwart heilst.

Eines will ich noch kurz erwähnen — einige Therapeuten verändern die Geschichte. Wenn also ein Klient eine unangenehme Geschichte erlebt, greifen sie in den Ablauf ein, um das Ereignis angenehm zu machen: „Gut, denke dir jetzt ein schönes Ende aus und sieh, wie es anstelle dessen geschieht, was du zuerst gesehen hast.“ Diese Methode gründet sich auf die Vorstellung, daß das, was zuerst geschah, nicht vollkommen war. Als ob unser Verstand jetzt eine bessere Idee hätte und das Alte berichtigen könnte. Doch der Verstand nimmt nicht den höchsten Standpunkt ein, denn alles ist genauso geschehen, wie es unser höchstes Bewußtsein für uns vorgesehen hat. Ich bin überzeugt, daß es viel nützlicher ist, die Vollkommenheit jeder Begebenheit zu erkennen als eine reale Erfahrung mit einem „happy end“ zu übertünchen.

Kapitel 3

Grenzüberschreitungen

Es ist möglich, sich in einer Inkarnation als Tier zu erleben. Ich hatte Leute, die sich als Fels oder Wassertropfen erfuhren. Eine der sinnenfreudigsten Rückführungen, die ich jemals gemacht habe, war die mit einer Künstlerin aus Chicago, die sich in einem früheren Leben als Baum erlebte. In üppigen Details beschrieb sie das Gefühl, ihre „Arme" der wärmenden Sonne entgegenzustrecken, während sanfte Winde ihre zarten, frisch ausgeschlagenen Blätter streichelten und sie ihre Wurzeln in tiefe Erdspalten tauchte, um die nährende Flüssigkeit in ihren Stamm zu saugen. Eine erfolgreiche Grundstücksmaklerin aus Südkalifornien kam zu mir, weil sie Schwierigkeiten hatte, mit Menschen zusammenzusein. Sie mochte sie einfach nicht. Sie machten ihr Angst. Obwohl sie erfolgreich im Beruf und glücklich verheiratet war, wurde sie in Gegenwart von Menschen, die sie nicht gut kannte, mißtrauisch und fühlte sich unwohl. Ich führte sie in das Leben zurück, in dem die Quelle ihrer Menschenangst zu suchen war, und als sie von der Brücke hinunterging und auf ihre Füße blickte — sah sie Krallen. Sie ging durch die Erfahrung, ein Adler zu sein, frei über dem Tal zu schweben und mit Beute zurückzukehren, um ihre Jungen im Horst am Rande der Klippen zu füttern. Eines Tages sah sie einen Mann. Erstaunt über dieses neue Geschöpf, flog sie näher und wurde von einem Pfeil erschossen. Sie starb in dem Bewußtsein, daß ihre Jungen im Nest verhungern würden, und fällte Entscheidungen über Menschen, die sich besonders jetzt, da sie selbst einer war, stark auf sie auswirkten.

Da die Zeit simultan abläuft und nicht linear, stimmt der alte Hinduglaube nicht, daß man sich vom Insekt zum Engel hocharbeitet. Ich habe Tierinkarnationen (chronologisch betrachtet) in der Mitte von menschlichen Lebensspannen gefunden. Eine Erklärung dafür habe ich nicht. Das Individuum scheint die Wahl zu treffen.

Matt ist Bühnenbildner für Broadwayshows. Er ist Anfang dreißig und sieht aus wie ein übriggebliebener Hippie, der sich mit einer Spur Punk modernisiert hat. Als er zu der Sitzung nach Manhattan kam, war er so fahrig, daß ich ihn fragte, ob er Drogen genommen habe. Er schien ständig in Bewegung zu sein, blickte argwöhnisch über seine Schultern, zappelte unruhig mit den Händen und scharrte mit den Füßen. Er hatte Mühe, Augenkontakt zu halten und schien sich unwohl und ängstlich zu fühlen. Als ich mit ihm sprach, wurde deutlich, daß er sich noch nie dabei wohlgefühlt hatte, ein Mensch zu sein. Hier ist das Protokoll seiner Rückführung, die wir am 16. November 1984 in Manhattan machten. Es ist insofern überarbeitet worden, als wir die Wiederholungen herausgestrichen haben, um das Lesen zu erleichtern. Das Band der Rückführung ist ursprünglich von Morey Lamb geschrieben worden. Er hat versucht, die intensiven Gefühle, die Matt erlebte, herauszuarbeiten.

RHEA: „... in dieses Leben, das die Ursache für dein Unwohlsein enthält, ein Mensch zu sein. Tue das jetzt — gehe von der Plattform herunter, tritt auf festen Boden und erfahre das Leben, das die Ursache für dein Unbeha-

gen enthält, ein Mensch zu sein. Schaue an dir herunter und sage mir, was du siehst."
MATT: „Ich, ich sehe ein Kaninchen ... und ich habe — ich fühle ein — glaube, es ist ein Wolf oder ein Vielfraß oder so etwas ähnliches."
RHEA: „Gut. Bist du im Körper des Kaninchens? Bist du das Kaninchen?"
MATT: „Ich bin nicht sicher."
RHEA: „Finde dich einfach ... und wenn es eine Angst oder eine Befürchtung gibt, laß sie raus. Laß sie an die Oberfläche kommen, atme weiter. Schau dich um. Sei einfach da, wo du bist. Stelle fest, wie es sich anfühlt, dort zu sein. Atme es aus deinem Körper heraus. Was denkst du jetzt, dort? Laß es einfach aus dir herausfließen?"
MATT: (Seine Stimme klingt höher. Er begann im Bariton, doch während der intensivsten Perioden der Sitzung kletterte seine Stimmlage bis zum Kontratenor. Der Zuhörer kann klar zwischen Matt und dem Kaninchen unterscheiden.) „Ja, es ist so ein — so ein weiter Raum über mir und um mich herum, und ich habe nur Kontakt mit dem Boden unter mir — mit meinen Pfoten und meinem Bauch — und das ist der einzige Bereich, der sicher ist."
RHEA: „Fühle die Angst in deinem Körper. Laß sie heraus. Es ist in Ordnung."
KANINCHEN: „Und es — es ist so furchtbar. Ich kann die großen Entfernungen hören und fühlen, und dadurch ... wird mir noch mehr bewußt, wie gefährlich meine Umgebung ist."
RHEA: „Nimm deinen Atem, um die Angst herauszulassen. Atme sie aus. Gehe jetzt weiter durch diesen Tag. Lasse die Zeit verstreichen, dann wirst du erleben, was

geschieht und was mit dir passiert ... sei einfach wirklich dort. Was geschieht als nächstes?"

KANINCHEN: (spricht schnell, nervös) „Ein Vogel kreist über mir — ein Adler oder ein Falke oder etwas ähnliches — und dieser Vogel stößt herab, und ich muß rennen."

RHEA: „In Ordnung. Erlebe das jetzt, das Wegrennenmüssen. (Das Kaninchen seufzt unbehaglich.) Ja, laß es heraus. (Er beginnt zu weinen.) Laß den Schrecken in deinem Körper, in allen Zellen deines Körpers zu, laß ihn heraus. Gut. (Das Kaninchen reagiert auf diese Hilfestellung mit einer Stimme, die immer höher wird. Die große Angst und das Entsetzen sind fühlbar.) Bleib dran, laß es heraus. Gut. (nachdem sich das Kaninchen beruhigt hat) So, was ist geschehen?"

KANINCHEN: (Obwohl ruhiger, immer noch atemlos) „Ja, ich bin unter einem Busch bei einem Felsen, und dieser Vogel hat mich nicht gekriegt. Ich bin weggelaufen, ehe ich richtig realisiert hatte, was geschah."

RHEA: „Ja. Bleibe bei den Körperempfindungen und den Gefühlen. Bleib dran, laß sie raus."

KANINCHEN: (immer noch atemlos) „Ich bin ein bißchen durcheinander. Es hat mich verwirrt, wo dieser Vogel hergekommen ist."

RHEA: „Was hast du entschieden?"

KANINCHEN: „Ich bin draußen, im Offenen, nicht sicher gewesen. Ich glaube — ich glaube nicht, daß der Vogel mich wirklich verfolgt hat. Er hat mich nur gewarnt. Ich glaube nicht, daß er es getan hätte — denn er hätte mich kriegen können."

RHEA: „Dann gehe jetzt weiter und schaue dich um."

KANINCHEN: „Ich bin jetzt in diesem niedrigen Unterholz bei dem Felsen, und es verbirgt mich, und ich ... ich sorge mich immer noch, ob das ein sicherer Platz ist. Ich fühle mich so — als ob hinter mir etwas wäre, und ich — ich habe keinen Platz, um zu reagieren und mich umzudrehen. Ich drehe mich trotzdem ständig um, damit ich sicher bin, daß mir hier keine Gefahr droht. Im Augenblick mache ich mir Sorgen wegen der Schlangen ... und — ich will wieder hinaus ins Freie, um die Gegend zu erkunden, doch ich glaube wirklich, daß ich das jetzt nicht tun sollte, daß es jetzt noch nicht sicher ist."
RHEA: „In Ordnung. Laß deine Gefühle weiter zu ... Gut. Jetzt schau, was als nächstes geschieht."
KANINCHEN: „Ich fühle, daß ich schläfrig werde, und ich, ich weiß nicht, ob es eine Klapperschlange oder eine Kobra ist — ich sehe nur das Maul der Schlange — sie scheint hinter mir zu sein — und mein Schlaf ist unruhig. Und die Schlange bewegt sich sehr langsam. Ich glaube, sie ist sehr nahe bei mir, zusammengerollt und bewegt nur ihren Kopf — er kommt näher — und ich — ich sehe, wie mein Körper aufspringt und wegläuft, nach vorn, doch ich fühle es nicht."
RHEA: „Gehe jetzt weiter bis zu dem Augenblick, in dem du die Entscheidung getroffen hast, deretwegen sich Matt als Mensch nicht wohl fühlt. Bleibe in diesem Leben als Kaninchen. Gehe weiter und schaue, was geschieht."
KANINCHEN: (plötzlich beginnt es heiser und ängstlich zu weinen und zu klagen, immer höher, bis zu der Intensität des blanken Entsetzens.) „Oh, ich will nicht hier sein! Oh, oh, nein!"
RHEA: „Atme weiter. Sei dabei. Laß es in deinem Körper

zu. Atme hinein. (Das Kaninchen jammert in den höchsten Tönen.) Sag es noch einmal ‚Ich will nicht hier sein'."
KANINCHEN: „Ich will nicht hier sein (ängstlicher) — ich will nicht hier sein (weinend) — ich will nicht hier sein — ich will nicht hier sein. Oh, oh — ich weiß nicht, wohin, und ich will nicht hier sein." (Er weint weiter).
RHEA: „Atme weiter hinein. Gut. Laß es mit deinem Atem heraus. Das ist gut. Atme alles heraus, was in deinem Körper ist. Laß deinen Körper tun, was er will. Prima. (Nach dem ängstlichen Weinen herrscht jetzt Stille.) Gut ... Sag noch einmal: ‚Ich will nicht hier sein'.
KANINCHEN: „Ich will nicht hier sein. (weint, die Stimme klingt jetzt am höchsten, am entsetztesten.) Ich habe Angst — ich weiß, sie werden mich kriegen. Oh! Ich will nicht, daß sie mich — (weint) ich will nicht hier sein — — ich will nicht hier sein."
RHEA: „Laß es raus! Laß es raus!"
KANINCHEN: „Ich weiß, entweder die Schlange oder der Vogel oder der Wolf oder der Bär wird mich kriegen, und — oh, ich will nicht hier sein; (weint) ich kann nicht mehr tun, als zu entscheiden, wer von ihnen mich kriegt."
RHEA: „Atme tief weiter, bleib dabei. Das ist jetzt in Ordnung. Gut. Sag das noch einmal ‚Ich will nicht hier sein'."
KANINCHEN: „Ich will nicht hier sein!" (Wiederholt es immer wieder und weint dabei, doch in viel tieferer Stimmlage.) Ich will nicht hier sein, und — ich habe mich entschieden, daß die Schlange mich nicht kriegen soll, denn ich will nicht — ich glaube, daß sie mich ganz verschlingen wird, und um mich wird alles dunkel werden; und ich will nicht, daß der Wolf mich kriegt, weil er mich

einfach in Stücke reißt; und ich will auch nicht, daß der Adler mich fängt, doch der Adler noch am ehesten ... Ich glaube, daß ich in das freie Gelände zurückrenne, wo es ... wo es warm und ungeschützt ist ... und er wird mich ergreifen und aufheben, und so werde ich mehr sehen. Ich werde mehr sehen und ... Ich fühle es noch nicht, doch ich weiß, daß er mich fallen läßt. Und ich ... entscheide mich dafür. Oh ... oh je ... oh ... das gefällt mir auch nicht viel besser!"

RHEA: „Sag es einfach nochmal: ‚Ich will nicht hier sein'."

KANINCHEN: (unsicher) „Ich will nicht hier sein. (weint, wiederholt es immer wieder) Ich will nicht hier sein."

RHEA: „Laß es heraus."

KANINCHEN: (wiederholt den Satz und weint) „Ich will nicht hier sein. Ich will kein Kaninchen sein. Ich will nicht hier sein. Ich will woanders hingehen! Ich will nicht hier sein." (Zuletzt ist es ruhig.)

RHEA: „Was hast du darüber für Entscheidungen getroffen, in einem Körper auf der Erde zu sein?"

KANINCHEN: „Es macht mir Angst, es ist entsetzlich. Und es ist so, so kurz — es geht so schnell! Oh, es bleibt keine Zeit. (weint) Du mußt die ganze Zeit damit verbringen, auf dem Boden zu bleiben, dich zu ernähren und aufzupassen — (die Stimme wird sehr hoch). Ich will umherhoppeln und spielen und das anschauen, was es zu sehen gibt — und mich einfach behaglich fühlen, zum See hinüberlaufen, dort herumhoppeln und keine Angst haben. Ich weiß nicht, wo die anderen Kaninchen sind, und ich bin ganz allein, und ich will nicht hier sein, wenn es so sein muß. Ich will ein glückliches Kaninchen sein. So mag ich es nicht. Ich fühle mich — zu winzig und zu verletzlich und — oh, nein, nein — oh, je! (Die Stimme verändert sich, das Weinen hört auf.) Ich will nicht hier sein, ich will nicht länger hier sein. Ich will jetzt nicht mehr hier sein. Ich will lieber, daß der Vogel mich kriegt. (Die Stimme wird wieder hoch.) Gut, also — ich renne einfach zu dem See, und wenn ich hinkomme, dann komme ich hin. (Es folgt eine Periode aufgeregten, ängstlichen und erregten Atmens.) Ich bin — ich bin fast — ich bin fast dort! Jucheh! Auu — nein, nein, nein, nein, nein! (entsetztes Kreischen) Ich fliege! Ich fliege! Oh — oh! (Das Kreischen wird zu einem leisen Weinen.) Oh, das ist so furchtbar, oh. (sich ergebend) Und ich bin doch zum Wasser gekommen."

RHEA: „Atme weiter und schau dir an, was du entschieden hast. Hast du etwas entschieden, was mit ‚Ich werde niemals' beginnt? Ich werde niemals ..."

KANINCHEN: „Ich werde niemals ... ich weiß nicht ... ich werde niemals etwas Neues entdecken. Ich werde mich niemals nach draußen, ins Offene, Ungeschützte begeben. Ich werde niemals ... ich werde niemals ..." (er ist atemlos, und seine Stimme klingt tiefer.)

RHEA: „Schau dir an, welche Entscheidung das Kaninchen getroffen hat, die Matt am meisten betrifft."

KANINCHEN: „Oh, ich werde niemals — mmh, ich werde niemals ..."

RHEA: „Das ist gut so. Sei einfach dabei, sei da."

KANINCHEN: (kommt zu Atem) „Es gibt so viele Dinge, die ich niemals wieder tun will. Ich werde niemals wieder von so hoch hinunterfallen. Es ist so entsetzlich, so hoch hinaufzukommen — auf diese Art und Weise in die Luft. Und, und ich fühle, daß ich dem Vogel meinen Hals sogar hingestreckt habe, damit er mich hochhebt, weil ich mich so entschieden habe, und dann fühlte ich den Boden nicht mehr, und mehr weiß ich nicht. Doch ich wollte nicht zerrissen werden. (Beruhigt immer noch seinen Atem.) Was für ein Preis! Oh! Oh, ich mag das nicht!"

RHEA: „Sehr gut ... Schau jetzt, ob es noch irgend etwas gibt, was das Kaninchen entschieden hat, als es ins Wasser stürzte."

KANINCHEN: „Das Wasser — das Wasser ist hart. Ich weiß nicht, ob das Kaninchen oder ich entscheide. (Seine Stimme klingt jedoch nicht im normalen Bariton.) — Ich glaube, es ist schon ziemlich ironisch, so zum Wasser zu gelangen. Es ist furchtbar! Ich wollte es nur anschauen! Ich wollte nicht, daß es mich tötet! Und das Wasser war — dunkel und schwarz. Aus der Entfernung sah es blau und klar und glänzend aus. Und in dem Augenblick, als ich auf das Wasser auftraf, dachte ich: „Oh, Gott, was ist da drin, was wird mich jetzt kriegen?" Doch ich mußte nicht sehr lange darüber nachdenken. Ich weiß nicht, ob ich mehr Angst vor der Höhe, dem Wasser, freien, offenen Plätzen, vor Verstecken oder dem Wald habe."

RHEA: „Schau jetzt, ob es irgendeine Entscheidung gibt, die mit ‚nächstesmal' beginnt. ‚Nächstesmal' ..."

KANINCHEN: „Ich überlege ... nächstesmal ... oh, ich will mich einfach nicht mehr so fühlen. Ich will — ich will nicht mehr so Angst haben. Ich, oh — nächstesmal muß ich einen besseren Weg finden, um zu leben, ohne daß ich mich so fürchten muß. Oh, ich will nie wieder dieses Kaninchen sein! Und ich — ich will mich einfach nie wieder so fürchten. Und ich sage dir, daß ich — daß ich es — nie wieder zulasse, so hilflos zu sein. Das Kaninchen ist so empfindsam für alles, was um es herum ist (weint) ... und es hat keinem weh getan. Ich glaube, daß es selbst Käfer nicht oft gegessen hat. Nur die Blätter. Und ich will nicht mehr so empfindsam sein, weil mir dadurch alle Gefahren bewußt werden (weint wieder), und ich bin so hilflos. Ich bin einfach — hilflos. (Die Stimme wird höher.) Es ist nicht fair, mich in so eine Welt zu stoßen! Ich weiß nicht, warum sie so gemein zu mir ist. Ich glaube nicht, daß ich so leben mußte, daß das Leben so sein muß. Warum bin ich so empfindsam und verletzlich und warum so allein? Kaninchen sollten große Familien haben und herumhoppeln und solche Sachen machen — und ich will nicht draußen auf dem Feld sein — ganz allein auf dem großen, weiten Feld, wo überall Gefahren lauern. Ich kann sie nicht sehen, aber ich weiß, daß sie da sind. Es ist nicht fair, und ich will dieses Spiel nicht spielen!" (Er fängt an zu schluchzen.)

RHEA: (nach einer Pause, in der sich Matt beruhigt hat) „Verlasse jetzt diesen Körper zu dem Zeitpunkt, in dem du als Kaninchen stirbst."

MATT: (Die Stimme klingt normal, nur schwach und erschöpft.) „Muß ich es nochmal fühlen, oder kann ich mich daran erinnern?"

RHEA: „Du kannst dich erinnern."

MATT: „Ich will nicht mutig sein, ich will nicht — Ich erinnere mich an alles, an die schrecklichen Teile — ich erinnere mich nicht an die — die guten Teile, nur zu Anfang, und das ist jetzt ganz schwach."

RHEA: „Verlasse jetzt diesen Körper. Erlebe, wie die andere Seite des Todes aussieht. Erschaffe dann vor deinem inneren Auge einen Tunnel, um durch Zeit und

Raum in die Periode zwischen den Inkarnationen zu gelangen, die Periode, in der du aus deinem höheren Bewußtsein heraus diese Inkarnation und diese Erfahrung als Kaninchen geschaffen hast, und schaue, wozu diese Inkarnation diente. Welche Lektion, welche Erfahrung wolltest du in diesem Leben machen? Was wolltest du lernen?"

MATT: (nach einer Pause) „Ich sehe, daß das Kaninchen sagt, daß ... — Ich will empfindsam und angeschlossen sein, und ich will so sanft und so verletzlich sein wie das Kaninchen, und — ich — ich will so etwas wie das Leben des Kaninchens noch einmal leben, doch (Stimme zittert) nicht als das Kaninchen. Ich will eine Familie um mich haben und ... Ich habe das Gefühl, daß ich ... ich sehe mich, wie ich als Kaninchen oder als Baby gehalten werde ... Ich weiß nicht, ob ich ein kleines Häschen oder ein Baby oder etwas anderes bin."

RHEA: „Das ist in Ordnung. Sieh einfach das Kaninchen vor dir und schau, was es dir sagen möchte. Was möchte es dich wissen lassen?"

MATT: „Laß dich ... laß ... laß dich zur Ruhe kommen. Laß dich leben."

Am Ende der Sitzung war Matt entspannt, zentriert und friedlich. Die Entscheidung „Ich will nicht hier sein" war während vieler Inkarnationen Teil seines Bewußtseins gewesen. Indem er den Satz wiederholte, nahm er ihm die Energie und löste dessen Einfluß von seinem jetzigen Leben ab. Einige Monate später sah ich ihn wieder. In seinem Auftreten war eine neue Reife, eine neue Leichtigkeit. Jetzt hatte er Freude daran, ein Mensch zu sein.

Du siehst also, daß auch Tierinkarnationen Einfluß auf dieses Leben haben können. Wenn du dich bei einer Rückführung als Tier wiederfindest, dann akzeptiere das einfach. Vertraue deinem Unterbewußtsein und nimm jedes Geschenk an, das es dir gibt. Es gibt jedoch noch andere, nicht-menschliche Lebensformen, die einen großen Einfluß auf die gegenwärtige Realität der Menschen haben: die Leben als Elfen oder Feen. Diese vormenschlichen Erd-Inkarnationen beeinflussen besonders die Sexualität dieser Menschen ziemlich stark. Obwohl Elfen und Feen schon ziemlich physisch sind, haben sie doch gewöhnlich keine Sexualität. Menschen mit so einem Hintergrund haben oft ebenfalls keine. Sie haben am Sex genausoviel Freude wie an anderen physischen Aktivitäten, können ihn ausleben, aber genausogut auch sein lassen. Sie verstehen nicht, weshalb die andern so einen Zirkus darum veranstalten. Sie verstehen es wirklich nicht. Sie versuchen sich anzupassen und geben der Sexualität einen größeren Wert, als sie es eigentlich für sie hat, doch wenn sie wirklich die Wahrheit sagen, dann haben sie kein übermäßiges Interesse daran. Männer mit Elfenhintergrund werden häufig aus Not homosexuell. Sie interessieren sich nicht besonders für Frauen und kommen zu dem Schluß, daß sie sich für Männer interessieren müssen. In Wahrheit haben sie gar kein Interesse. Und das ist in Ordnung.

Menschen mit Elfenhintergrund haben gewöhnlich eine eher androgyne Erscheinung. Oft fühlen sie sich zur Kunst, zur Gymnastik oder Akrobatik hingezogen. Sie neigen dazu, verspielte, kreative Außenseiter zu sein. Gewöhnlich sind sie stark genug, um sich selbst treu zu bleiben, doch sie leiden, wenn sie selbst oder ihre Familien glauben, daß ihnen etwas fehlt oder daß sie wie die anderen sein sollten. Jeder von uns ist genauso, wie er sich selbst haben wollte.

Ich hatte etwas Mühe zu erklären, warum Tierinkarnationen oder Inkarnationen als nicht-menschliche Formen möglich sind. Deshalb bat ich um Hilfe. Ich channelte und erhielt die folgende Information zu dem Thema. Sie ist ein bißchen ausführlicher geworden, als ich gedacht hatte:

Du fragst dich, wie Tierinkarnationen oder Inkarnationen in nicht-menschlichen Körpern neben den menschlichen Verkörperungen existieren können. Wir erinnern dich daran, daß die Zeit nicht linear ist. Alles Bewußtsein ist eins. Du erfährst nur aus dem Grunde eine persönliche Identität, weil das Ego sich auf diese besondere Ausdrucksform des Bewußtseins fixiert hat, die du als dein Selbst definierst. Doch das ist nicht dein Selbst. Es ist ein Fragment des Ganzen. Du bist ganz. Du existierst nicht getrennt von allem anderen Bewußtsein, wie du glaubst. Einer eurer berühmten Philosophen nahm an, daß er existiere, weil er denke. In einer Hinsicht hat er recht. Der Denkprozeß hilft, die getrennte Existenz eines individuellen Egos zu definieren. Dieses Ego ist jedoch auch Teil des Ganzen. Das Ego irrt sich, wenn es annimmt, daß Vereinigung Auflösung bedeutet. Es ist unmöglich, getrennt zu sein. Wenn es möglich wäre, dein individuelles Ego von der Ganzheit der Schöpfung abzutrennen, würde sich dieses Ego auflösen. In Wahrheit stellt die Trennung eine viel größere Bedrohung dar als die Vereinigung.

Du kannst deinem Ego versichern, daß es niemals

abgetrennt war. Die Illusion der Trennung kann einfach wegfallen. Die Illusion ist immer eine falsche Realität gewesen. Sie kann verblassen, und das Ego wird die Wahrheit über sich selbst erkennen, daß es eins mit allem ist und immer war.

Weil du niemals abgtrennt warst, hast du die Fähigkeit, dich mit jedem Ausdruck des Bewußtseins zu identifizieren, der sich vom Ganzen getrennt hat, um eine individuelle Identität anzunehmen. Du hast auch die Fähigkeit, dich mit dem Ganzen zu identifizieren. Es spielt keine Rolle, denn die getrennte Existenz ist nur eine Illusion. Du suchst jedoch die Wahrheit. Deshalb schlagen wir vor, daß du die Illusion einer getrennten Identität losläßt und mit der Wahrheit verschmilzt, eins mit allem Bewußtsein zu sein. Dadurch, daß du die Aufmerksamkeit eines höheren Aspektes deines Bewußtseins auf eine individuelle Form richtest, nimmst du die Identität dieser Form an. Deshalb warst du auch fähig, Identität in nichtmenschlichen Lebensformen zu erfahren. Wenn du zu deiner wahren Identität erwachst, wirst du erkennen, daß du alles bist, was existiert.

*****

Wie einige von euch habe ich viele Leben lang im Untergrund für das „Licht" gearbeitet. Und es ist immer noch schwer für mich, bestimmte Dinge in der Öffentlichkeit zu sagen. Wir sind in Mysterienschulen und Geheimen Bruderschaften ausgebildet worden, um das Geheimnis zu hüten. Und wenn wir erwischt wurden, hat man uns oft gefoltert oder auf dem Scheiterhaufen verbrannt. Deshalb hat es mich einigen Mut gekostet, diese Diskussion zu beginnen. Und ich lade euch wieder ein, Aschenbrödel zu spielen — wenn der Schuh paßt, gehört er dir, wenn nicht, vergiß ihn.

Es gibt Menschen, die sich an Existenzen in anderen Dimensionen, auf anderen Planeten, in anderen Formen erinnern. Als Therapeut erscheinen mir diese Erfahrungen genauso real wie die Erinnerungen an Leben auf der Erde. Häufig verbinden sich mit jenen Erinnerungen starke Emotionen.

Solche Inkarnationen kommen in einer normalen Sitzung mit einem Klienten nicht oft zum Vorschein, doch manchmal geschieht es. Ich fing an, mit Rückführungen auf andere Planeten zu experimentieren, als einige Menschen mir ihre privatesten Erfahrungen mitteilten. Häufig hatten sie nicht gewagt, mit anderen Menschen über ihre Erlebnisse zu sprechen. Diese Klienten hatten alle das Gefühl, daß sie nicht von diesem Planeten waren, daß sie ihn oft sogar haßten, die Menschen für grobe, unsensible Tiere hielten und keine Lust mehr hatten, hier zu bleiben. Sie wollten „nach Hause". Sie fühlten, daß sie nicht hierhergehörten, nie reingepaßt hatten und sich nach „ihresgleichen" sehnten. Sie waren gesund, führten ein normales Leben und wußten genau, daß sie auf diesem Planeten geboren waren und wahrscheinlich schon einige Leben hier verbracht hatten.

Ich hatte natürlich meine eigenen Erinnerungen an mein Zuhause bei meinem „Vater" Sanat Kumara, in einer Dimension, die Venus genannt wurde, und daran, daß mir gesagt worden war, ich sei mit der physischen Realität noch nicht ganz fertig. Ich solle die Möglichkeit in Betracht ziehen, zurück zur Erde zu gehen. Diese Erinnerungen hatte ich nie einem anderen Menschen erzählt. Vielleicht hast auch du in Augenblicken großer Klarheit Visionen oder Erinnerungen an andere Welten gehabt.

Als die Menschen mir solche Dinge zu erzählen begannen, fing ich damit an, Rückführungen in das Leben zu machen, in dem sie zum letztenmal „zu Hause bei ihrem Volk“ waren. Da tauchten Inkarnationen auf anderen Planeten und in anderen Dimensionen auf. Gewöhnlich werden sehr viele Emotionen freigesetzt, wenn die Menschen Schwingungen und Erfahrungen erleben, nach denen sie sich unbewußt gesehnt haben. Wenn wir durch diese Erfahrungen gingen, kamen wir zu dem Augenblick, in dem sie sich entschieden, auf die Erde zu kommen. Schließlich begann ich damit, die Leute in unseren Gruppen zu ihren Leben vor der Erde zurückzuführen, damit sie den Zweck ihres Erdendaseins klar erkannten.

Die Zeit ist gekommen, wo Geheimnisse all denen zugänglich werden, die sich für sie interessieren. Wir können es uns nicht mehr leisten, darauf zu warten, daß Menschen den siebenstufigen Erleuchtungsweg durchschreiten, bevor sie in die Mysterien eingeweiht werden. Eines der größten Geheimnisse war unser Kontakt zu anderen Planeten, anderen Dimensionen — zu Außerirdischen. Sie gaben der Priesterschaft die Informationen, die uns befähigten, das Volk zu führen (und manchmal zu unterdrücken oder zu manipulieren).

So viele Klienten haben mir von ihren Erfahrungen mit UFOs erzählt, daß ich keine Zweifel mehr an der Realität von Besuchern aus anderen Welten habe. Zweimal habe ich mit Freunden gearbeitet, die während einer Begegnung mit einem UFO einen Zeitsprung erlebten. Sie schlossen, wie sie glaubten, für nur eine Sekunde ihre Augen, doch als sie sie wieder öffneten, waren fünfundvierzig Minuten vergangen. Wir machten eine Rückführung zu genau dem Augenblick, in dem sie ihre Augen schlossen, und entdeckten ein Erlebnis, wo sie ihren Körper verlassen und an Bord des Raumschiffes mit wirklichen Außerirdischen kommuniziert hatten. Die beiden Menschen, mit denen ich arbeitete, kannten einander nicht. Ein Erlebnis hatte am Mount Shasta in Nordkalifornien, das andere in Santa Fe, New Mexiko, stattgefunden. Und dennoch gab es überraschende Übereinstimmungen.

Die Außerirdischen machen sich jetzt bei einer großen Anzahl von Menschen bekannt, und ihre Existenz ist nicht länger mehr ein Schock für uns. Tatsächlich bereiten uns unsere Filme, unsere Bücher und das Fernsehen auf ihre Ankunft vor. Wenn man sich die Filme über Außerirdische näher anschaut, sieht man, daß die Wesen aus dem Weltraum zuerst gefürchtet wurden („Invasion der Body Snatcher"), dann waren sie geheimnisvoll und unbekannt („Begegnung mit der dritten Art"), um schließlich zu netten Kerlen zu werden, die man mißverstanden hat und die unsere Hilfe brauchen („E.T.", „Starman" und „Cocoon"). Es ist kein Zufall, daß diese Filme jetzt produziert werden und so populär sind. „E.T." war der kommerziell erfolgreichste Film aller Zeiten. Er spricht als eine Art moderner Mythos zu dem Teil in uns allen, der „nach Hause" will.

Viele Filme über außerplanetarische Erlebnisse stammen aus der unbewußten (oder vielleicht bewußten) Erinnerung des Autors. George Lucas und Steven Spielberg sind beide sehr „angeschlossen". Die „Star-Treck"-Serie hat bei vielen deshalb eine so tiefe Resonanz ausgelöst, weil sie Erinnerungen anrührt, die bis zu diesem Zeitpunkt unbewußt waren.

Im Film „Star-Treck II“ gab es eine Szene, die mich wirklich bewegt hat. Auf dem Planet Vulkan (der Heimat von Dr. Spock, einem der Hauptcharaktere des Films) versammelten sich die Ältesten in ihren Roben und bildeten einen schweigenden Kreis. Diese Darstellung beschreibt genau eine Szene, an die ich die klarsten Erinnerungen habe und die mir viele Klienten auch schon beschrieben haben. Auch die Anfangsszene des Filmes „Superman I“, in der er in der Kristallhöhle die Kristalle liest, hat die Erinnerung vieler Menschen angerührt. Ich meine, daß die besten Science-Fiction-Romane direkt aus der Erinnerung der Autoren fließen, ob sie sich dessen bewußt sind oder nicht. Besonders Robert Heinlein hatte diese Gabe. Und irgend etwas im Leser erinnert sich an etwas, das ihm vertraut ist.

Viele Klienten gehen in einer außerirdischen Rückführung zu einem Planeten, auf dem es eine Kristallkuppel gibt, in der man sich auf Wunsch einen Körper materialisieren kann. Einige Menschen hatten Erfahrungen als Riesenechse oder Riesenmonster auf einem verlassenen Planeten. Andere waren auf dem Planeten der erleuchteten Delphine und entschieden sich dafür, auf die Erde zu kommen, um als Brücke zwischen dem Tierreich und den Menschen zu dienen und sie daran zu erinnern, daß das Leben ein Spiel ist, das man genießen kann.

Ich habe eine Erinnerung an das Pendant zu unserem Geschlechtsverkehr auf einem Planeten, auf dem wir Lichtwesen ohne eine feste Form waren. Wir kamen zusammen und verschmolzen miteinander, durchdrangen uns buchstäblich, so daß wir einen Augenblick lang wirklich eins waren. Es war die totale Vereinigung und das vollkommene Wissen um den anderen. In diesem Leben war ich nach dem Geschlechtsverkehr oft traurig. Je besser der Sex gewesen war, um so mehr mußte ich weinen. Schließlich erkannte ich, daß mich die Erfahrung der sexuellen Vereinigung an die Vereinigungserfahrungen „zu Hause" erinnerte. Doch sie war gleichzeitig so weit von der wahren Vereinigung entfernt, daß sie die Trauer und Sehnsucht nach zu Hause anrührte. Ich habe mich oft gefragt, ob die sogenannte postkoitale Depression, die in Frauenzeitschriften oft diskutiert wird, ähnliche Gründe hat.

Ich glaube, daß die unbewußten Erinnerungen an Leben auf anderen Planeten der Grund dafür sind, daß sich viele von uns nicht damit zufriedengeben können, daß „die Welt nicht funktioniert". Wir wissen, daß sie funktionieren kann. Wir wissen, daß Armut, Krieg, Hunger und Krankheit nicht nötig sind. Wir haben auf anderen Planeten gelebt, auf denen diese Plagen nicht existierten, und irgendwie erinnern wir uns daran. Wieso wären wir sonst so sicher, daß es überhaupt anders sein kann, als es auf diesem Planeten ist? Die Ideale, die wir für diesen Planeten haben, müssen irgendwoher kommen — wenn wir nicht wüßten, daß es möglich ist, wie könnten wir annehmen, daß es anders sein kann?

*****

Unser Dasein auf der Erde hat einen Grund. Viele von uns wissen das. Irgendwie hat man das Gefühl, daß man hier etwas zu tun hat — etwas zu erfüllen — daß es einen Grund gibt, warum wir hier sind. Und das stimmt.

Viele von uns erwachen jetzt zu diesem Wissen. Immer wieder wollen die Menschen in unseren Workshops wissen, warum sie hier sind. Das Bedürfnis, mit der Aufgabe anzufangen, wird immer stärker — doch die Frage ist, mit welcher. Oft haben diese Menschen Angst.

Sie haben Angst, hervorzutreten, Angst, erkannt zu werden, Angst, zu versagen, Angst, erfolgreich zu sein. Ich nehme an, daß viele von uns so viele Leben lang im „Untergrund" für das Licht gearbeitet haben, daß wir uns fürchten, das offen auszusprechen, was wir wissen. Wir erinnern uns nicht nur daran, wie das Feuer an unseren Füßen leckte, wenn wir auf dem Scheiterhaufen verbrannt wurden, (wahre Hexen wußten, wie man den Körper verläßt, wenn die Schmerzen zu stark wurden,) sondern wir legten auch Gelübde ab. Wenn wir jetzt über unsere Geheimnisse sprechen, brechen wir die Tabus der Vergangenheit. Viele Wahrheiten haben wir vor uns selbst verborgen. Wenn wir uns jetzt erinnern, wenn wir unsere Geheimnisse offen mit den Menschen teilen, reagieren unsere Körper immer noch auf die gut einprogrammierten Tabus und die Erinnerung an Verfolgung und Schmerzen.

Aber es ist in Ordnung. Auf diese Zeit haben wir gewartet. Für diese Zeit haben wir unsere Geheimnisse gehütet. Aus diesem Grund haben wir das Licht in all den Jahren der Dunkelheit, Jahrhundert für Jahrhundert, bewahrt. Für diese Zeit haben wir die Wahrheit geschützt und sie vorsichtig und geheim über die Zeitalter dieses Planeten hinweg weitergegeben. Jetzt ist die Zeit des Erwachens gekommen. Jetzt ist die Zeit da, die Wahrheit zu sagen. Diese Tage sind die letzten Tage. Jetzt sind wir sicher, wenn wir hervortreten. Jetzt können wir uns in Sicherheit an all das erinnern, was wir wissen. Jetzt ist es sicher, sich selbst mitzuteilen. Auf diese Zeit haben wir uns alle vorbereitet. Für diese Zeit haben wir trainiert. Wir können unserer Führung vertrauen. Wir können uns selbst vertrauen.

Einige von uns haben Angst zu versagen. Wir glauben, daß wir früher versagt haben. Wir sind Teil eines großen Teams. Schon immer haben wir die Aufgabe gehabt, die Menschen aufzuwecken. Wir sind die Boddhisattvas des Universums. (Boddhisattva ist ein buddhistischer Name für jemanden, der versprochen hat, die anderen aufzuwecken. Der traditionelle Schwur beinhaltet, so lange auf die Erde zurückzukommen, bis auch der letzte Grashalm erleuchtet ist.) Bevor wir zur Erde kamen, haben wir die Wesen auf anderen Planeten erinnert. Einige dieser Planeten oder Dimensionen wurden zerstört. In uns liegt die Erfahrung begraben, daß Planeten explodieren können, und deshalb glauben wir, versagt zu haben.

Wir erinnern uns an Maldeck und Roxomallion und an andere Planeten, denen wir versucht haben, das Licht zu bringen, und wir haben Angst, es noch einmal zu versuchen. Wenn man alles für eine Sache eingesetzt hat und dann erleben muß, daß es umsonst war, ist der Schmerz zu groß. Früher waren wir überzeugt davon, es zu schaffen. Wir glaubten, daß wir die anderen daran erinnern könnten, wer sie wirklich sind. Wir hielten unsere Liebe für groß genug, um die Liebe in ihnen zu erwecken, und jetzt denken wir, daß wir versagt haben. Wir glauben, daß wir nicht weise, nicht stark, nicht rein oder liebevoll genug waren, und das Versagen lastet wie Blei auf unseren Herzen. Der Schmerz ist so groß, daß viele von uns aufgegeben haben. Wir haben resigniert. Und jetzt amüsieren wir uns mit Spielzeug. Einige von uns haben sich in den Spielen der materiellen Welt verfangen, um das zu kompensieren, was sie wirklich wollen — aufwachen, sich erinnern und die Erfahrung machen, zu Hause zu sein. Wir wollen zurück zum Licht — zu Gott und der Vereinigung mit allem, was ist.

Manche haben sich der Sinnlichkeit hingegeben, andere dem Reichtum oder der Macht, diese Realität oder die Menschen in dieser Realität zu manipulieren. Einige haben ihren Schmerz betäubt, indem sie zuviel essen oder Drogen oder Alkohol konsumieren. Doch es funktioniert nicht. Die Leidenschaften sind abgestumpft, der Lohn, den die Kompensation versprach, hat sich als Trugbild herausgestellt. Eric Hoffers berühmte Aussage: „Du kannst nie genug von dem bekommen, was du nicht wirklich willst", hat sich als wahr erwiesen. Es wird nie genug Geld oder Schokolade oder Sex oder Macht geben, um unsere Sehnsucht nach zu Hause zu stillen. Und auch nicht genügend Unbewußtheit, um diese Sehnsucht zu ersticken.

Viele von uns sind sich der Tatsache bewußt, daß diese Erde und diese Dimension nicht unser natürliches Zuhause sind. Vielleicht haben einige von euch als Kinder das Gefühl gehabt, auf die „wahren Eltern" zu warten, die sie hier rausholen. Du hast vielleicht gefühlt, daß du nicht wirklich zu der Familie gehörst, in die du geboren wurdest.

Viele von euch gehören wirklich nicht in diese Familien. Die Familie ist für dich nur der Weg zu dem Ort gewesen, wo du sein mußtest. Vielleicht war diese Familie die einzige, der es möglich war, dir unter der besonderen Sternenkonstellation, die du benötigtest, um die richtige astrologische Hilfe für diese Inkarnation zu haben, einen Körper zu geben.

So viele Menschen haben Tausende von Dollars für Therapien ausgegeben, um an ihrer Beziehung zur Familie zu arbeiten, während in Wahrheit gar keine große Verbindung besteht. Es ist durchaus möglich, daß die spezielle Gruppe von Menschen, mit denen wir verwandt sind, gerade gut genug dafür war, so einen verrückten Typen wie uns in ihrer Mitte aufzunehmen und so lange auf ihn aufzupassen, bis er alt genug war, mit dem weiterzumachen, weswegen er gekommen war. Vielleicht haben wir mit einem von ihnen ein Karma, das wir vollenden wollten, doch manchmal ist die wirkliche Beziehung minimal. Wie immer sind es nur unsere Gedanken, welche uns Sorgen machen, weil sie die Dinge anders haben wollen, als sie sind.

Einige von uns haben noch andere Wege gefunden, sich an die Erde anzupassen, als mit den Spielzeugen zu spielen, die uns in dieser Dimension zur Verfügung stehen. Es gibt zum Beispiel Menschen, die mit dem Hiersein so fertig werden, indem sie gar nicht hier sind. Das heißt, daß sie ihren Körper mit einer automatischen Steuerfunktion ausrüsten und sich selbst davonmachen. Der Körper funktioniert dann sehr gut, der wandernde Mieter muß nur ein Minimum an Aufmerksamkeit auf ihn verwenden, und ein ziemlich gewöhnliches, isoliertes Leben kann gelebt werden. Manchmal mag in solchen Augenblicken, wo der Mieter gerade nicht anwesend ist, eines der Astralwesen, das sich verzweifelt an diese Dimension klammert, hereinkommen und den Laden schmeißen. Das wäre eine gute Lösung, wenn wir uns nicht alle dieser Dimension verpflichtet hätten. Wir können erst dann wirklich nach Hause zurück, wenn wir das getan haben, weswegen wir hier sind. Viele von uns hatten schon den Mut, die Menschen daran zu erinnern, wer sie wirklich sind, und deshalb machen wir am besten da weiter. Man kann seine Aufgabe nicht erfüllen, wenn man im Niemandsland schwebt. Wenn du fühlst, daß das auf dich zutrifft, dann komme zurück in deinen Körper, wirf alle Hausbesetzer hinaus, die sich in deiner Abwesenheit eingenistet haben, und mache selbst weiter. Wenn du die anderen daran erinnern willst, wer sie wirklich sind, mußt du dich natürlich selbst ganz schnell daran erinnern, wer du bist.

Ich habe bemerkt, daß es noch eine andere Möglichkeit gibt, mit der die Menschen versuchen, mit dem Hiersein fertigzuwerden. Sie versuchen, die Erde nur ganz leicht zu berühren, um sich nicht darin zu verfangen. Für sie ist diese Realität wie umherwirbelndes Papier, und sie glauben nicht darin steckenzubleiben, wenn sie es nur ganz leicht berühren. Diese Menschen engagieren sich nicht. Sie ziehen es vor, nichts zu besitzen. Sie wollen nicht festgelegt werden. Ich spreche nicht von den Tütenladys (Anm. d. Übers.: obdachlose Frauen in Manhattan) oder Aussteigern. Ich spreche über ganz normale Menschen, die von Ort zu Ort ziehen, von einem Menschen zum anderen, von Arbeitsstelle zu Arbeitsstelle, ohne sich jemals für irgend etwas zu engagieren. Sie mögen sogar einen gewissen

Erfolg haben, dann lassen sie plötzlich alles fallen und ziehen weiter. So vermeiden sie auf ihre Weise den Schmerz, sich selbst wieder so hinzugeben, wie sie es schon einmal getan haben. Mit dieser Methode vermeiden sie ebenfalls, sich in den Illusionen dieser Realität zu verfangen, wie sie es bei anderen beobachtet haben. Sie benehmen sich wie Besucher, denn irgendwie wissen sie, daß sie Besucher sind.

Doch noch einmal, wir können nur dann hier weg, wenn wir unsere Aufgabe erledigt haben. Es ist die blanke Ironie, daß wir unseren Aufenthalt hier gerade dann verlängern, wenn wir vermeiden wollen, hier zu sein. Werner Erhard sagt: „Keiner geht nach Hause, bevor wir nicht alle nach Hause gehen", und ich glaube, daß er recht hat. Wir müssen alle aufwachen. Wir müssen uns alle daran erinnern, wer wir sind, damit dieses Spiel in sich zusammenfallen und wir alle zusammen nach Hause gehen können.

Nach meiner Erfahrung hat keiner von uns versagt. Wir haben niemals einen Fehler gemacht. Alle unsere Experimente auf den anderen Planeten bewirkten genau das, was sie bewirken sollten. Für diese Planeten wurde es Zeit, ihre Erfahrungen mit der Form zu beenden und weiterzugeben. Ich weiß, daß die Wesen, die dort nicht aufgewacht sind, hier auftauchten. Irgendwie sind wir alle zur Erde gekommen, um das allerletzte Erwachen zu feiern. Deshalb ist die Erde jetzt so übervölkert. Alle kommen zu dem Fest.

Vielleicht haben einige von euch eine Beziehung, wo ihr das Gefühl nicht loswerdet, daß hier eine uralte Fehde ausgefochten wird. Das stimmt wahrscheinlich. Jetzt habt ihr die Gelegenheit, die Fehde zu beenden. Ihr — nicht sie, denn ihr habt das Bewußtsein dazu, und deshalb tragt ihr auch die Verantwortung dafür, daß es getan wird. Laßt los. Es gründet sich doch alles nur auf Ego, Getrenntheit und Illusion. Es ist Zeit, weiterzugehen.

Einige von uns fühlen, daß wir uns mit unserer wahren Familie verbinden. Wir treffen Menschen, auf die wir schon immer gewartet haben, um uns wieder mit ihnen zu vereinen. Auch das ist wahrscheinlich wahr. Die Familien kommen zusammen. Und diese Familien vereinen sich. Die Zeiten spiritueller Isolierung gehen ihrem Ende entgegen. Seid glücklich! Diese Zeit jetzt ist so kostbar! Es ist ein so großes Geschenk, bei diesem Erwachen dabei zu sein!

Viele von uns fürchten sich nicht deshalb vor dem Hervortreten, weil wir in der Vergangenheit versagt haben, sondern weil wir Erfolg haben könnten. Wie ich schon früher erwähnt habe, sind wir hervorgetreten und haben unsere Macht mißbraucht. Diesmal werden wir es nicht mehr tun. Das Team sammelt sich. Unsere Teamgefährten werden nicht zulassen, daß wir auch diesmal alles verderben. Wir kontrollieren und balancieren uns gegenseitig. Wenn einer von uns einen Egotrip ausagieren will, kommt ganz schnell ein anderer und ruft ihn zurück. In all den anderen Zeiten, in denen wir versucht haben, die Wahrheit zu sagen und das Licht auf diesem Planeten zu verbreiten, haben wir es alleine versucht. Vielleicht haben wir versagt, und wir wollen nicht wieder versagen. Oder vielleicht waren wir erfolgreich und haben Fehler gemacht, die wir nicht wiederholen wollen. Der Unterschied zwischen dieser Zeit und den früheren Zeiten ist, daß wir heute nicht mehr allein sind.

Wir haben es alleine versucht, doch wir haben es nicht

geschafft. Das wurde auch niemals von uns erwartet. Diese Aufgabe kann nicht allein vollbracht werden. Wir sind ein Team. Wir sollen es zusammen machen. Alles, was wir bis jetzt getan haben, war nur eine Übung. Wir haben für diese Zeit geübt. Jetzt sind wir sicher und können hervortreten. Jetzt ist es Zeit für das Team, sich von der Reservebank zu erheben und das Spielfeld zu betreten. Es ist Zeit, das Spiel zu vollenden.

Wir sind nicht grundlos auf die Erde gekommen. Wenn man mit Menschen arbeitet, um den Grund ihres Hierseins zu erfahren, bekommt man einheitliche Antworten. Ich habe mit vielen verschiedenen Menschen in Amerika, Australien und Europa gearbeitet. Die Antworten sind ähnlich.

Zuerst einmal haben wir uns dafür entschieden, auf die Erde zu kommen. Manchen kommt es so vor, als ob sie hierher geschickt worden sind. Manchmal wird diese niedrige Schwingungsebene hier als eine Art Strafe empfunden. Oder sie glauben, daß sie nicht wert sind, bei Gott zu sein, und deshalb weggeschickt wurden. Vielleicht denken sie, daß es ihre Mission ist, die hoffnungslosen Schlucker zu retten, die zu dieser Dimension der Dualität degradiert wurden. (Das Ego stürzt sich ganz besonders auf diese Variante.) Jedoch fallen bei einer Rückführung alle diese Vorstellungen weg, und es wird vollkommen klar, daß jeder von uns hierherkommen wollte. Wir hatten die Wahl und haben uns entschieden. Wir haben eine Mission, jedoch eine, um die wir gebeten haben. Keine Märtyrer, keine Opfer!

Ich erinnere mich an eine Sitzung mit einem guten Schriftsteller in Manhattan. Er machte die Erfahrung, auf seinem Heimatplaneten zu sein und seinen Lehrer zu verlassen, um auf die Erde zu kommen. Kurz bevor er sich verabschiedete, fragte er seinen Lehrer, ob er sich vor irgend etwas vorsehen solle, vor irgendeiner Gefahr oder Falle. Sein Lehrer lächelte und sagte: „Ja, doch das wirst du selbst früh genug herausfinden." Er verabschiedete sich von seinem Lehrer und ging aus seiner Heimatdimension in die Erfahrung, eine Form anzunehmen. Sofort wurde ihm klar, was sein Lehrer gemeint hatte. Er realisierte, daß er einen Verstand bekam. Der Verstand gehört zu dieser Dimension, doch durfte man ihn nicht zu ernstnehmen und ihn sicher nicht für das Selbst halten.

Wir wußten, welchen Weg die Bewußtseinsentwicklung auf diesem Planeten einschlagen würde. Wir wußten auch, daß wir genau dieselben Erfahrungen wie die anderen machen mußten, wenn wir das ändern wollten, weswegen wir hierhergekommen waren. Wir wußten, daß wir erst einmal selbst erleben mußten, wie es hier ist, um den Menschen mit Mitgefühl und Einfühlungsvermögen entgegentreten zu können und nicht isoliert mit Rechthaberei. Und so haben wir Lichtarbeiter uns den Gesetzen des Karma unterworfen. Viele von uns haben schon frühzeitig irgend etwas auf der Erde angestellt, damit wir in den Kreislauf des Karma gerieten und erfahren konnten, was alle anderen erfuhren. Wir lernten, was zu lernen war, um unsere Aufgabe zu erfüllen. Wir wissen jetzt, was es bedeutet, ein Mensch zu sein. Wir haben jetzt eine Beziehung zu dem, was die Menschen, mit denen wir arbeiten, auf diesem Planeten durchgemacht haben. Wir hatten aber auch die Freude, jede Variante des menschlichen Regenbogens kennenzulernen.

Während wir mit unseren Dramen beschäftigt waren, erfreute sich unser höheres Bewußtsein an dem Spiel. Wir erhalten eine frische, neue Perspektive dieser Realität, wenn wir uns mit unserem höheren Bewußtsein verbinden. Im nächsten Kapitel findest du Übungen für die Kommunikation mit deinem eigenen höheren Bewußtsein und dem höheren Bewußtsein der anderen.

Kapitel 4

Das höhere Bewußtsein

Ich stimmte mich auf meine eigene innere Führung ein und bat sie, mir etwas über das höhere Bewußtsein zu sagen. Hier ist die Durchgabe:

„Dein höheres Bewußtsein ist jener Aspekt deines Bewußtseins, welcher den Teil deiner selbst überwacht, mit dem du dich normalerweise identifizierst. Auch der Beobachter bist du. Doch ist dieser beobachtende Teil auch eins mit deinem menschlichen Aspekt. Es gibt keine Trennung. Du bist mit allem Bewußtsein verbunden. Wenn du dich von deinen alltäglichen Gedanken, Meinungen, Haltungen und Sichtweisen distanzierst, kannst du einem anderen Aspekt deiner selbst begegnen. Dieser Aspekt wird dein höheres Bewußtsein genannt. Dein höheres Bewußtsein ist nicht so stark mit der physischen Realität verbunden. Deshalb schwingt es in einem gewissen Sinne höher. Es besteht aus Energie. Es besteht aus reinem Bewußtsein. Die verschiedenen Aspekte des Bewußtseins schwingen mit unterschiedlicher Geschwindigkeit. Mit dir ist es genauso. Wenn du eine Zeitlang an dir gearbeitet hast, womit ich Arbeit an deinem eigenen Erwachen, deinem spirituellen Aspekt meine, veränderst du deine Schwingung. Die Menschen haben oft Schwierigkeiten, das zu verstehen, weil sie glauben, dieselben zu sein, die sie vor ihrem Erwachen waren. Das ist nicht wahr. Wenn du einmal angefangen hast, dich auf dein spirituelles Selbst auszurichten, hast du deine Aufmerksamkeit auf

einen höheren, sozusagen schneller schwingenden, weniger dichten Aspekt deiner selbst gelenkt. Und indem du dich auf diesen Aspekt konzentrierst, manifestierst du ihn.

Eines der wohlbekannten Gesetze der Manifestation, um das viele von euch wissen oder in anderen Leben gewußt haben, lautet: Wenn man sich auf etwas konzentriert, macht man es lebendig. Du gibst ihm Energie, und es nimmt Gestalt an. Diese Gestalt kann sich dann in eurer physischen Dimension manifestieren. Das ist auch der Grund, weshalb man euch so oft gesagt hat, daß ihr euch nicht auf eure Ängste konzentrieren sollt. Ihr wurdet daran erinnert, daß ihr durch eure Konzentration Aufmerksamkeit auf sie lenkt und sie dadurch real machen könntet. In gewisser Hinsicht ist das richtig. Ihr habt die Fähigkeit, eure Gedanken wahrzumachen.

Jedoch wird das nur geschehen, wenn es mit eurem höheren Bewußtsein übereinstimmt. Du kannst nichts manifestieren, was gegen dein höheres Selbst gerichtet ist. Dinge, die dir nicht gut tun, werden dir nicht zustoßen, wenn sie nicht den höheren Zwecken deines Selbst dienen.

Weil du angefangen hast, an deinem spirituellen Aspekt zu arbeiten, hast du deine Konzentration auf diesen Teil deines Selbstes gelenkt und ihn darum in deiner Dimension manifestiert. Weil du an deiner Spiritualität gearbeitet hast, hast du deine Schwingung verändert.

Du hast vielleicht bemerkt, daß dir bestimmte Verhaltensweisen, die dir früher angenehm waren, nicht länger angemessen sind. Vielleicht empfindest du Orte, an denen du dich früher gerne aufgehalten hast, plötzlich als unangenehm. Oder du kannst Menschen, mit denen du früher gerne zusammengewesen bist, nicht mehr ertragen. Das ist nicht so, weil sich diese Menschen oder Orte verändert hätten. Es ist so, weil du dich verändert hast. Verhaltensweisen, an denen du dich früher erfreut hast, mögen deiner neuen Schwingungsebene nicht mehr angemessen sein. Du konntest vielleicht Alkohol trinken oder Drogen nehmen oder Fleisch essen oder Kaffee trinken und dich daran erfreuen. Du wirst bemerken, daß diese Dinge, die du früher mit Genuß konsumiert hast, jetzt unangenehme Nebenwirkungen zeigen, weil sich deine Schwingung erhöht hat. Genauso werden sich bestimmte Verhaltensmuster verändern. Du kannst vielleicht nicht mehr so zornig sein wie früher. Du magst auch keinen Gefallen mehr an lauten Orten oder gewalttätigen Filmen finden, die dir früher Spaß gemacht haben. Dein Geschmack mag sich verändern. All das sind nur die Auswirkungen deiner erhöhten Schwingung.

Und ebenso ist es möglich, daß die Schwingung von Menschen, mit denen du dich früher gut verstanden hast, nicht mehr mit deiner Schwingung harmoniert. Das macht sie nicht schlecht. Diese Wahrheit enthält kein Urteil. Es ist nur einfach wahr, daß du dich in Gegenwart von Leuten wohler fühlst, deren Schwingung auf einer ähnlichen Ebene liegt wie deine. Wenn deine Schwingung mit einer höheren Geschwindigkeit vibriert und sich stabilisiert hat, wirst du die Schwingung der Menschen anheben, die mit dir zusammen sind. Bis sich deine neue Schwingung jedoch gefestigt hat, ist es wahrscheinlicher, daß ihre langsamere Schwingung deine eigene herunterzieht, denn diese Schwingung ist dir immer noch vertraut. Selbst wenn deine Schwingung auf der neuen Frequenz gefestigt ist, ist es für die anderen mit der niedrigeren Schwingungsfrequenz oft noch schwierig, die Resonanz mit deiner Schwingung über einen längeren Zeitraum aufrechtzuerhalten. Für kurze Zeiträume können sie ihre Frequenz steigern, doch wenn sie nicht an sich selbst arbeiten und einen inneren Schritt machen, werden sie diese neue Resonanz nicht beibehalten können, und auch du wirst sie nicht auf dieser Frequenz halten. Das ist der Grund, weshalb bestimmte Freundschaften oder Beziehungen sehr schön anfangen, doch anstrengend werden, wenn die Partner mehr Zeit miteinander verbringen und nicht auf derselben Ebene schwingen. Auch dies ist kein Urteil, sondern nur eine einfache Tatsache.

Die Technik, die wir seit Äonen gebrauchen, um die Erleuchtung in deine Dimension zu bringen, ist die direkte Übertragung. Das bedeutet, daß ein Meister, dessen Vibration auf einer hohen Ebene schwingt, dich durch seine Gegenwart beeinflußt und deine Schwingungen in Resonanz mit den seinen bringt. Oft können sie dich über einen langen Zeitraum in ihrem Energiefeld halten. Wenn das geschieht, gibt es ganz bestimmte Veränderungen in deinem Energiefeld. Oft bist du gezwungen, dich auf bestimmte Aspekte deiner selbst zu konzentrieren und dich mit ihnen so auseinanderzusetzen, daß sich deine Schwingungen permanent verändern können. Wenn du dich in einem so hohen Schwingungsfeld befindest, werden die dichten Aspekte deiner selbst aufgebrochen und kommen an die Oberfläche, damit du sie untersuchen kannst. Setzt du dich mit diesen Mustern, Einstellungen und kristallisierten Energien bewußt auseinander, kannst du sie auflösen und deine Schwingung auf eine höhere Frequenz anheben. Dieses Geschenk machen die Meister ihren Schülern. Es ist das Geschenk ihrer Anwesenheit. Deshalb sind die verschiedenen Formen des Darshan *(das heißt: in der Gegenwart eines Meisters sein) immer in der Meister/Schüler-Tradition gepflegt worden. Es ist eine nützliche Technik. Jedoch ist sie nur dann hilfreich, wenn der Mensch, der auf der niedrigeren Frequenz schwingt, sich von den Aspekten seiner selbst trennen will, in denen sich die Energie kristallisiert hat. Das ist mit der Anweisung gemeint, sich einem Meister hinzugeben. Es bedeutet nicht, daß du dich aufgeben sollst. Das kannst du gar nicht. Du bist sowieso eins. Es ist jedoch weise zu wissen, was möglich ist und was geschieht.*

Wenn du mit diesen Veränderungen deiner Schwingung noch nicht vertraut bist, dann wirst du sie kennenlernen, wenn du dich auf dein Erwachen konzentrierst. Du gibst diesen Schwingungen eine Realität in deiner Dimension, wenn du dich auf dein höheres Selbst konzentrierst. Wenn du mit deinem höheren Bewußtsein arbeitest, kannst du Veränderungen in deinem Leben erwarten.

Dein Planet befindet sich in einem Übergangsstadium. Die Bewußtseinsschwingung, die sich in deiner Dimension manifestiert, verändert sich. Das hat auf jeden seine Auswirkung. Es gibt keine Möglichkeit, von dieser Veränderung nicht betroffen zu sein, denn wir sind alle Teil desselben Bewußtseins. Jung hat es das ‚Kollektive Unbewußte' genannt. Dieser Begriff ist genauso nützlich wie jeder andere. Viel ist geschehen, um diese Veränderung herbeizuführen. Du bist in einer

Übergangsphase, ob du es weißt oder nicht. Dein höheres Bewußtsein leitet dich. Es wird zu dir in dieser Dimension. Hab keine Angst. Laß los. Du hast dich mit einem sehr begrenzten Aspekt deiner selbst identifiziert. Es gibt noch viel mehr zu entdecken. Dein höheres Bewußtsein erwartet dich. Freue dich an deinen Entdeckungen.“

Hier sind einige Übungen für die Kommunikation mit deinem höheren Selbst. Wie immer ist es am wichtigsten, dem zu vertrauen, was kommt. Ich schlage dir vor, einfach zu experimentieren. Diese Übungen können im Sitzen oder im Liegen durchgeführt werden. Decke dich in jedem Fall mit einer Decke zu, denn deine Körpertemperatur sinkt, wenn du innere Arbeit tust. Stelle sicher, daß du nicht gestört wirst. Du wirst die Übungen vielleicht einige Male lesen wollen, bevor du sie ausprobierst, damit du den Anweisungen aus dem Gedächtnis folgen kannst und deine Erfahrungen nicht durch Lesen unterbrechen mußt. Innere Arbeit ist sehr real und kann die äußere Realität vollkommen verändern.

Kommunikation mit dem eigenen höheren Bewußtsein:

Atme einigemal tief durch und schließe die Augen. Dein Körper soll sich so entspannt und bequem wie möglich fühlen. Laß deinen Verstand zur Ruhe kommen. Konzentriere dich auf den höchsten Punkt auf deinem Kopf. Fühle, wie sich dieser höchste Punkt (dein Kronenchakra) öffnet, und spüre, wie dein bewußter Geist aufsteigt, deinen Körper verläßt und sich mit deinem höheren Selbst vereint. Rufe dein höheres Selbst und bitte es, Gestalt anzunehmen. Bitte dann dein höheres Bewußtsein, mit dir zu kommunizieren. Sieh es als eine Gestalt vor dir stehen und frage, ob es eine Botschaft für dich hat. Lasse es so geschehen, wie es für dich geschieht. Mit der Übung wird das Bild klarer werden. Wenn du eine Frage hast, dann stelle die Frage und höre auf die Antwort. Nimm alles an, was kommt.

Vielleicht willst du dein höheres Bewußtsein nach dem nächsten Schritt für dein spirituelles Erwachen fragen. Vielleicht willst du etwas über deine Ernährung oder über körperliche Übungen wissen. Oder du willst erfahren, an welchem Thema aus vergangenen Leben du arbeiten sollst. Je mehr du dich auf dein höheres Selbst einstimmst und nach den Informationen handelst, die es dir gibt, um so mehr wirst du einen höheren Aspekt deiner selbst in dieser Dimension verwirklichen.

Ich gebe dir einen einfachen Test, mit dem du herausfinden kannst, ob die Informationen oder die Gedanken, die du empfangen hast, aus deinem höheren Selbst oder aus deinem Ego stammen — frage einfach. Wenn du mit einem Thema ringst und einen inneren Dialog über die erforderliche Handlung führst, dann frage das Ego nach seiner Meinung und höre auf seine Antwort. Frage dann dein höheres Bewußtsein nach seiner Einstellung dazu und lausche wieder. Danach kannst du entscheiden, welchen Aspekt deiner selbst du verwirklichen willst.

Kommunikation mit dem höheren Bewußtsein eines anderen:

Du kannst auch mit dem höheren Bewußtsein eines anderen kommunizieren. Das kann sehr hilfreich sein. Oft kannst du so Bereiche klären, die mit dem Menschen persönlich schwierig zu klären wären. Die physische Distanz ist, wie du weißt, nicht die einzige Schwierigkeit, um mit einem anderen Menschen zu kommunizieren. Geht es um einen Konflikt oder um ein Mißverständnis, kannst du dies durch eine Unterhaltung zwischen deinem eigenen höheren Bewußtsein und dem höheren Bewußtsein des anderen häufig klären. Hier sind die Schritte, das zu erreichen:

Schließe einfach die Augen und sieh die Person vor dir, mit der du kommunizieren willst. Dann bitte darum, zu dem höheren Bewußtsein dieser Person sprechen zu dürfen. Wenn du wirklich wütend bist, dann ist es wahrscheinlich nötig, zuerst alles herauszulassen — der Person all deine Gedanken, deine Meinungen, Frustrationen usw. mitzuteilen. Bringe deinen Geist zur Ruhe, bevor du versuchst, von deinem höheren Bewußtsein aus zu kommunizieren. Wenn du dann alles gesagt hast, was dir eingefallen ist, höre auf das, was das höhere Bewußtsein der Person dich wissen lassen will.

Wenn die Antwort rachsüchtig oder anklagend ausfällt, dann bitte erneut darum, zu dem höheren Bewußtsein des Menschen sprechen zu dürfen. Das Wichtigste bei dieser Technik ist das Zuhören. Stelle dir nicht einfach vor, was diese Person deiner Meinung nach antworten würde. Gewöhnlich taucht dieses Problem zu Anfang auf. Das, was zwischen dem höheren Selbst von zwei Menschen geschieht, hat kaum Ähnlichkeit mit der Unterhaltung, die der Verstand der beiden miteinander führen würde.

Oft haben wir in einer Beziehung eine besondere Weise, dem anderen zu dienen. Vielleicht hat sich ein Elternteil dazu bereiterklärt, die Rolle des Unterdrückers zu spielen, indem er uns ständig kritisiert oder uns klein macht. Vielleicht haben die Eltern den „Advocatus diaboli" gespielt, indem sie unseren Standpunkt beständig angriffen. Vielleicht hast du deine Eltern dazu gebraucht, dich von sich wegzustoßen, damit du dein Bedürfnis nach anderen Menschen erkennen konntest, oder vielleicht war es abgemacht, daß die Eltern sich an dich klammern sollten, damit du, als Reaktion auf das Klammern deiner Eltern, deine eigene Unabhängigkeit entwickeln konntest. Diese Verhaltensmuster bestehen oft viele Inkarnationen lang. Selbst wenn sich das Geschlecht oder die Rollen ändern, bleibt das Grundmuster zwischen uns oft unverändert. Es scheint so, als ob einige von uns spezielle Vereinbarungen über eine besondere Art sich zu helfen getroffen haben. Als ob wir bei unserem Eintritt in diese Dimension gesagt hätten: „Ich fürchte, daß ich zu schwach bin, um auf der Erde durchzukommen." Und irgendein anderer antwortet: „Ich gehe mit dir und werde dich ständig angreifen, um dich stark zu machen. Für mich wird es eine Aufgabe sein, und dich wird es herausfordern. Ich werde selbst stark sein müssen, und das wird auch mir nützen. In Ordnung?" Und wir haben geantwortet: „In Ordnung." Und so ist es dann...

Vielleicht kommst du darauf, daß du dieses Verhaltensmuster nicht länger willst. Vielleicht möchtest du die Abmachung ändern. Du kannst das tun, indem du mit dem höheren Bewußtsein des anderen kommunizierst. Stelle dir vor, daß derjenige vor dir steht, und danke ihm, daß er dir so lange so gut gedient hat. Sage ihm, daß du alles gelernt hast, was du bei seinem gewohnten Verhalten von ihm lernen konntest, und daß du jetzt in einer neuen Weise mit ihm kommunizieren willst. Du brauchst vielleicht Zeit, bis du an diesem Punkt angelangt bist. Wir halten diese Verhaltensmuster immer von beiden Seiten aufrecht, und du mußt dir sehr im klaren darüber sein, daß du das, was dir die frühere Situation gebracht hat, wirklich aufgeben willst. Wenn du wirklich bereit dazu bist, dann kommuniziere so lange mit dem anderen, bis auch er bereit ist.

Diese Technik kann auch angewandt werden, wenn die Beziehung durch den Tod des anderen nicht abgeschlossen war oder wenn du den anderen nicht ausfindig machen kannst. Die Umstände spielen keine Rolle. Die Technik wirkt. Normalerweise erhältst du einen Hinweis aus dem physischen Universum, daß deine innere Arbeit erfolgreich war.

Wenn du in physischen Kontakt mit der Person trittst, mit der du kommuniziert hast, wird sie häufig versuchen, dich in die alten Spiele zurückzudrängen. Sei dir dessen bewußt und versuche, ohne streitlustig zu sein, nicht mehr darauf einzugehen. Reagiere nicht so, daß das Spiel weitergeht. Wahrscheinlich wird die Person es dann noch viel mehr versuchen. Wenn du die kleinen Gefechte parierst, wird sie mit stärkeren auffahren. Sei also wachsam. Das vordergründige Bewußtsein dieses Menschen weiß nicht, was geschieht. Er ist nicht bösartig. Wenn du diese Arbeit mit jemandem gemacht hast, mit dem du keinen Kontakt hast, wirst du höchstwahrscheinlich innerhalb der nächsten drei Tage etwas von ihm oder über ihn hören.

Du kannst die Rückführungstechnik auch dafür verwenden, zu sehen, welche Vereinbarungen du mit den verschiedenen Menschen in deinem gegenwärtigen Leben getroffen hast. Gehe durch den Entspannungsprozeß und tritt von der Plattform in den Raum zwischen den Leben, bevor du in diesen Körper kamst und die Erfahrungen dieses Lebens machtest. Rufe dann die Wesen, die jetzt die Rolle deines Ehepartners, deiner Mutter, deines Vaters, deines Geliebten oder deiner Kinder spielen — jede Beziehung, an der du arbeiten willst. Du wirst sehen, wie diese Wesen einwilligten, dir zu helfen, und auf welche Weise du selbst bereit warst, den anderen zu helfen. Wir machen uns alle gegenseitig Geschenke, ganz gleich, wie diese aussehen mögen. Vielleicht gibt es einige Abmachungen, die du ändern willst. Du kannst das tun, indem du von deinem höheren Bewußtsein aus mit dem höheren Bewußtsein der anderen kommunizierst. Es macht Freude, die Beziehung zum eigenen höheren Bewußtsein zu entwickeln, denn es kann uns in jeder Lebenssituation helfen.

Kapitel 5

Arbeit an uns selbst

Und was ist mir dir? All das, was du bis jetzt gelesen hast, ist nichts als Gehirnfutter, wenn es dein Leben nicht berührt. Was ist mit deinen eigenen vergangenen Leben? Wie beeinflussen sie dein jetziges Leben? Welche einschränkenden Verhaltensmuster hast du während deiner Aufenthalte auf der Erde gesammelt, und wie kannst du diese wieder loswerden?

Wenn du an deinen eigenen vergangenen Leben arbeiten willst, mußt du zuerst einmal der Möglichkeit offen gegenüberstehen, daß du tatsächlich unbewußte Programme in deinem „Computer" hast, die sich auf deine gegenwärtige Realitätserfahrung auswirken. Es ist hier wiederum nicht wichtig, daß du an frühere Leben oder an die Theorie der Reinkarnation glaubst. Du mußt nur für die Möglichkeit offen sein, daß einige deiner Verhaltensweisen einen anderen Ursprung haben als die Ereignisse, an die du dich in diesem Leben erinnerst.

Wir wollen uns ein paar Dinge anschauen, die dich von vergangenen Zeiten her beeinflussen, und dann Wege diskutieren, wie du damit arbeiten kannst. Typische solcher Themen sind Verhaltensweisen oder Reaktionsmuster, Empfindungen im Körper, Beziehungen, Einstellungen, Barrieren, Emotionen oder Begrenzungen, die deine Freude und deinen Selbstausdruck in diesem Leben einschränken. Es ist nicht so schwer, etwas zu finden, denn das meiste des oben Genannten ist karmisch bedingt. Wenn du eine Rückführung machen willst, mußt du das Thema ganz spezifisch angeben, damit dein Unterbewußtsein dir die entsprechenden Informationen liefert. Du mußt ihm klare Anweisungen geben, um klare Antworten zu erhalten.

Es genügt zum Beispiel nicht, nach der karmischen Quelle deiner Körperempfindungen zu fragen. Du mußt genau sein. Du mußt nach der karmischen Quelle deiner Verspannung in der linken Schulter in Nähe des Nackens fragen. Wenn du dich mit einer Beziehung befaßt, hat es wenig Zweck zu fragen: „Wann haben wir uns schon einmal gekannt?" Da wir alle häufiger zusammen waren, kommt dein „Computer" in Schwierigkeiten. Deshalb mußt du dein Thema in Hinblick auf die Information, die du erhalten willst, sorgfältig beschreiben. Ich wiederhole, daß wir viele verschiedene Rollen miteinander gespielt haben. Das Wesen, das jetzt dein Sohn Hans ist, kann damals deine Frau Sarah gewesen sein.

Ich gebe dir hier ein paar Empfehlungen, wie du dein Thema formulieren kannst, wenn du an Beziehungen arbeitest. Bitte dein höchstes Bewußtsein, dich in das Leben zurückzuführen:

„... das die Quelle für meine Verbindung mit dem Wesen enthält, das ich jetzt als ______________ kenne."

„... in dem ich zum letztenmal mit dem Wesen zusammen war, das ich jetzt als ______________ kenne."

„... das die Quelle für meine Schwierigkeiten in der Beziehung mit dem Wesen enthält, das ich jetzt als ______________ kenne."

„... das die Quelle für meine Eifersucht (Konkurrenz, Ärger, Anziehung, Haß, Hingabe) enthält, die ich mit dem Wesen erlebe, das ich jetzt als ______________ kenne."

Wenn du die Quelle einer Emotion in einem vergangenen Leben finden willst, kannst du dich von deiner Erfahrung mit der Emotion leiten lassen. Du willst zum Beispiel die Quelle deiner jetzigen Traurigkeit in einem vergangenen Leben finden. Rufe dir diese Traurigkeit in deinen physischen Körper zurück, benutze deinen Atem, um die Traurigkeit (oder die Angst oder den Haß) auszulösen, und bitte dann einfach dein höheres Bewußtsein, dich zurück in das Leben zu führen, das die Quelle für diese Emotion enthält.

Viele von uns haben ein Grundgefühl, ein Gefühl, das unserem Leben zugrunde liegt. Für einige ist dieses Grundgefühl Angst. Für andere ist es Traurigkeit, Zorn oder Groll. Du kannst dich in einer Rückführung von diesen unspezifischen Emotionen dadurch befreien, daß du das Gefühl im Körper wachrufst und dein höheres Bewußtsein bittest, dich zurück zu dem Leben zu bringen, in dem die Quelle für diese Emotion zu finden ist.

Es ist hilfreich, sich daran zu erinnern, daß Zorn immer ein sekundäres Gefühl ist. Er ist immer nur die Spitze des Eisbergs. Manchmal überdeckt er Angst, doch normalerweise Kummer oder Traurigkeit. Der zornige Mensch weiß meistens nicht, daß sein Zorn etwas verdeckt. Mein Freund, Paul Lowe, ist sich dessen sehr bewußt und empfiehlt, daß du dich jedesmal, wenn du ärgerlich wirst, fragst: „Welche Erfahrung erspare ich mir jetzt durch diesen Ärger?“ Diese Technik ist sehr nützlich, wenn wir uns mit unseren eigenen Emotionen befassen. Was verbirgt sich hinter dem Ärger? Wenn es sich um unsere Freunde oder unsere Familie handelt, ist es hilfreich, wenn wir uns daran erinnern, daß sich auch Leid hinter Ärger verbergen kann. Wenn die anderen offen sind und du dich selbst schnell genug an die wirkliche Ursache erinnerst, statt auf den Ärger zu reagieren, dann kannst du ihnen diese Frage stellen und sie dabei unterstützen, die Quelle ihres Ärgers zu entdecken.

Vor einigen Jahren besuchte ich einen Kurs bei Dr. med. Bob Lazalier, einem amerikanischen Arzt und brillanten Beobachter des Menschen. Bob nimmt an, daß alle Unstimmigkeiten zwischen Menschen auf zwei Grunderfahrungen beruhen. Er beobachtete, daß man immer zwei Gründe für die Unstimmigkeiten entdeckt, wenn man die offensichtlichen Ursachen übergeht und dahinter nach der Wahrheit forscht: Entweder fühlt man, daß die anderen einen nicht so lieben, wie man selbst sie liebt, oder man fühlt, daß die anderen die eigene Liebe gar nicht voll an sich heranlassen, und ist durch die Versuche frustriert, ihnen zu zeigen, wie sehr man sie liebt.

Bob schrieb darüber ein Buch mit dem Titel *Die Harmonie der Liebe.* Seine Beobachtung könnte uns als Schlüssel dienen, wenn wir selbst an dem Leid arbeiten wollen, das sich hinter Zorn verbirgt. Es ist ganz gleich, wie eine Sache aussehen mag, schlußendlich handelt sie immer von Liebe.

In Rückführungen muß man den Zorn meistens voll erfahren, bevor man zu den dahinter verborgenen Emotionen vordringen kann. In unseren Gruppen legen sich die Menschen bei den Rückführungen auf den Boden. Wenn jemand mit seinem blockierten Ärger in Berührung kommt, legen wir Kissen unter seine Arme, lassen ihn die Fäuste ballen und die Kissen damit traktieren, während er die Worte wiederholt, die diese Emotion festgesetzt haben. Wenn man eine im Ärger getroffene Entscheidung immer wiederholt, hilft das, die Lagen von Energie abzutragen, die mit der Emotion verbunden sind. Ich sage dann oft: „Welche Worte kommen dir zu dem Ärger? Wenn der Ärger sprechen könnte, was würde er sagen?" Dann ermutigen wir die Leute, ihre Worte aus dem Bewußtsein oder in freier Assoziation fließen zu lassen. Das hilft gewöhnlich, wenn der Ärger festsitzt. Ist der Ärger einmal ausgedrückt, folgen gewöhnlich Tränen. Du kannst es bei dir selbst ausprobieren, wenn du das nächstemal zornig wirst.

Wir alle haben schon Menschen getroffen, die in ihrem Ärger gefangen sind. Sie drücken ihn immer wieder aus, und es scheint sich nichts zu bewegen. Er verändert sich nicht. Diese Menschen sind vielleicht zufrieden mit sich, weil sie sich frei genug fühlen, ihren Ärger zum Ausdruck zu bringen, und glauben, daß es gesund ist, das zu tun. Wenn man jedoch eine Weile mit ihnen zusammen ist, beginnt man zu fühlen, daß sich der Ärger wie eine kaputte Schallplatte immer wiederholt und nicht von der Stelle kommt. Ich wünsche mir, daß diese Menschen den Mut bekommen, so verletzbar zu werden, daß sie den Schmerz fühlen, den ihr Ärger verdeckt. Wenn du also eine Rückführung über Ärger oder eine dem Ärger verwandte Emotion wie Groll, Reizbarkeit oder Frustration machst, dann sei dir sicher, daß du hinter dem Ärger suchst.

Für einige Menschen ist das Grundgefühl Traurigkeit. Es gibt vielleicht kein besonderes Ereignis in diesem Leben, mit dem sich die Traurigkeit verbindet. Sie ist einfach da, selbst dann, wenn die Dinge gut laufen und man sich relativ glücklich fühlt. Oder das Grundgefühl ist Angst. Diese Angst verbindet sich mit keinem Erlebnis in dieser

Realität, noch ist sie an ein vergangenes Trauma in diesem Leben gekoppelt. Man fühlt einfach Angst. Eine Rückführung kann zu der Quelle dieser Emotionen führen.

Wenn du das Gesicht eines Menschen sorgfältig betrachtest, kannst du gewöhnlich sein Grundgefühl erkennen. Schau dir dein eigenes Gesicht im Spiegel an. Welche Emotionen siehst du in deinen Augen und in den Linien deines Gesichtes, wenn du dich wirklich entspannst? Kein Make-up und keine fröhliche Mimik kann das verbergen, und jeder, der hinter deine Fassade schaut, kann es erkennen. Vielleicht willst du eine Rückführung zu den Emotionen machen, die du auf deinem Gesicht findest, und entdecken, welche Erfahrungen aus vergangenen Leben auf dich warten.

Vielleicht hast du eine bestimmte Angst. Du hast vielleicht Angst vor dem Fliegen, vor Schlangen, Haifischen oder davor, eine Rede zu halten. Diese Ängste werden keine Macht mehr über dich haben, wenn du eine Rückführung zu ihrer Quelle machst. Sie schränken unsere Möglichkeiten völlig nutzlos mehr oder minder ein. Eine Freundin erzählte mir vor kurzem, daß sie ein wirklich furchtloser Mensch sei, mit einer Ausnahme. Sie habe furchtbare Angst davor, daß ihr eine Fischgräte in der Kehle steckenbleibe. In diesem Leben hatte sie die Erfahrung nie gemacht, auch hatte sie niemanden gekannt, der an einer Gräte erstickt war, und so nahm sie an, daß ihre Angst ein Überbleibsel aus einem Leben war, in dem sie auf diese Weise starb. Dem stimme ich zu. Sie wird mit dieser Angst fertig, indem sie nie Fisch ißt. Sie denkt nicht weiter darüber nach, sie bestellt im Restaurant einfach nie Fisch und kocht auch zu Hause keinen. Wenn man ihr welchen anbietet, lehnt sie ab. Für sie existiert die Möglichkeit, Fisch zu essen, nicht mehr. Da sie in Manhattan lebt, bedeutet das keine ernsthafte Einschränkung. Doch wären die Auswirkungen in einer Kultur, deren Ernährung auf Fisch beruht, sicher größer. Die Tatsache bleibt jedoch bestehen, daß sie sich so sehr an ihre Angst anpaßt, daß sie sie komplett aus ihrer Realität verdrängt und damit zugleich auch eine Möglichkeit verliert. Wenn wir diese Angst zu einem Thema für eine Rückführung machen wollten, würden wir ihr höheres Bewußtsein bitten, sie in das Leben zu führen, das die Quelle ihrer Angst enthält, an einer Fischgräte zu ersticken.

Obwohl das obengenannte Beispiel relativ unbedeutende Konsequenzen hat, zeigt es, wie wir unser gegenwärtiges Verhalten an eine Angst aus einem früheren Leben anpassen und dadurch die Erfahrung unserer Gegenwart einschränken. Häufig sind die Konsequenzen viel ernster. Die Leute geben gute Jobs auf, bei denen sie reisen müssen, weil sie Angst vor dem Fliegen haben. Angst vor Schlangen oder Insekten hält Menschen davon ab, diesen wunderschönen Planeten zu entdecken. Angst, vor einer Gruppe zu stehen, hält sie davon ab, sich selbst auszudrücken. Wir passen uns so an diese Ängste an, daß eine Reise nach Australien, eine Wanderung in den Wäldern oder eine Rede vor Publikum außerhalb unserer Möglichkeiten liegen.

Doch noch einmal, was ist mit dir? Welche Grenzen hast du dir aus Angst auferlegt? Welche Möglichkeiten hast du für dich ausgeschlossen, um Angst zu vermeiden? Nimm dir eine Minute Zeit, um hinzuschauen. Wenn du keine Angst vor ____________________ hättest, welche Möglichkeiten hättest du, die du jetzt nicht hast? Natürlich gibt es Ängste, die gerechtfertigt sind. Wenn du Angst hast, vor einen fahrenden Zug zu springen, ist das in Ordnung. Wenn du jedoch Angst vor Fehlern hast und deshalb einen neuen Bereich, in dem du dich noch nicht versucht hast, nicht ausprobierst, schränkst du dich unnötig ein. Du kannst dich durch Rückführungen von diesen Einschränkungen befreien und den Aktionsradius deiner Möglichkeiten erweitern.

Häufig werden wir von dem angezogen, was wir schon einmal gemacht haben. Wir tanzen gerne, weil wir zu anderen Zeiten schon einmal Tänzer gewesen sind. Wir haben eine Begabung für ein ganz bestimmtes Musikinstrument, weil wir dieses Instrument schon gespielt haben. Du könntest eine Rückführung zu einer Fähigkeit machen, die du in diesem Leben entwickeln willst. Vielleicht sind dir die Lerntechniken vertraut, die in dem Buch *Das innere Tennis* vorgeschlagen werden. Der Autor behauptet, daß du dich zuerst mental als erfolgreicher Tennisspieler erleben solltest, bevor du damit anfängst, das Spiel zu versuchen. In der gleichen Weise kannst du eine Rückführung zu der speziellen Fähigkeit machen, die du wieder erlangen willst. Das kann alles mögliche sein, vom Heilen mit Kristallen bis zum Reiten oder Segeln, alles, dessen Erfahrung du dir zurückrufen kannst. Mache eine Rückführung in das Leben, in dem du am besten ________________ konntest. Gehe dann in jenem Leben zu dem Augenblick, der dir die größte Befriedigung durch deine Fähigkeit gegeben hat. Fühle diese Befriedigung wieder. Spüre, wie sich dein Körper angefühlt hat. Sei vollkommen in dem Erlebnis, in jedem Augenblick und in jeder Bewegung. Nimm wahr, wie du dich selbst empfunden hast. Erlebe die Haltungen und die Emotionen wieder. Sei derjenige, der es konnte! Und wenn du diese Fähigkeit heute in deinem täglichen Leben wieder anwenden willst, dann stimme dich auf die Erfahrung aus der Rückführung ein und erschaffe sie hier und jetzt. Das funktioniert.

Wenn du an dir selbst arbeitest und etwas über dich entdecken willst, dann kannst du mit Rückführungen eine Menge Spaß haben. Einige meiner besten sexuellen Phantasien sind wirkliche Erinnerungen. Vielleicht bist du neugierig zu erfahren, warum du so leicht französisch gelernt hast, warum du die japanische Küche so schätzt oder warum dir Rom so vertraut ist. Die amerikanische Schriftstellerin Taylor Caldwell zog großen Nutzen aus ihren unterbewußten Past Life-Erinnerungen bei der Abfassung ihrer sogenannten historischen Romane, die sie mit großem Einfühlungsvermögen schrieb. Ihre realistischen Beschreibungen riefen die Past Life-Erinnerungen ihrer Leser wach, und ihre Bücher wurden sehr populär.

Als Therapeutin würde ich nie eine Rückführung machen, um den Klienten zu amüsieren oder seine Neugier zu befriedigen. (Selbst ein scheinbar angenehmes Thema kann seine traumatischen Momente haben.) Das Engagement würde mir nicht ausreichen, denn in diesem Prozeß will ich einen wirklichen Partner — jemanden, der etwas in seinem Leben verändern und sich nicht einfach nur amüsieren will. Doch wenn du mit dir selbst arbeitest, warum solltest du nicht auf Entdeckungsreise gehen? Du brauchst vor nichts in deinem Inneren Angst zu haben. Hinter allem steht die Liebe, auch wenn es genau umgekehrt scheinen mag. Denn Liebe ist das, was du wirklich bist. Weil wir Angst vor dem haben, was wir finden könnten, zögern wir, nach innen zu schauen. Wir finden hinter allen Erscheinungsformen, hinter all den guten und schlechten Geschichten, immer unser Selbst.

Du hast Erinnerungen an andere Leben. In den Tausenden von Rückführungen, an denen ich teilgenommen habe, traf ich nur sehr selten Menschen, die vor diesem Leben nicht schon einmal hier gewesen wären. Einmal arbeitete ich mit einer Frau, die zum Kollegium einer großen amerikanischen Universität gehörte. Sie schien wirklich das erstemal auf der Erde zu sein. In ihrem Beruf war sie sehr erfolgreich, und die Nachfrage nach ihren Vorlesungen war enorm, doch es war sehr schwierig für sie, sich auf die Erfahrungen anderer Menschen einzustellen und zu verstehen, was sie fühlten. Die menschlichen Emotionen verblüfften sie. Sie blieb ihnen gegenüber gelassen und distanziert, doch gleichzeitig sehr verwundert. Sie war nicht blockiert, sie wußte einfach nicht, wie sie eine Beziehung dazu bekommen sollte. Wir konnten trotz mehrerer Sitzungen keine andere Erdinkarnation finden, obgleich sie sehr klare Erinnerungen an andere Dimensionen hatte. Und diese Dimension von weitem zu betrachten — wie sie es getan hatte — ist doch etwas ganz anderes als in einem Körper in ihr zu leben. Unsere Sitzungen verwandelten sich in einen Schnellkurs über das Funktionieren in dieser Realität.

Auf der anderen Seite sprachen die Menschen manchmal davon, eine „alte Seele" zu sein. Als ich das zum erstenmal hörte, wunderte ich mich darüber, wie ein Teil Gottes älter oder jünger als der andere sein konnte. Manchmal gebrauchen die Leute ihr Gefühl, eine „alte Seele" zu sein, dazu, ihr Ego zu füttern — um sich von den anderen abzuheben, als ob sie entwickelter oder in gewisser Hinsicht besser seien. Es scheint wahr zu sein, daß einige von uns mehr menschliche Inkarnationen hatten als andere. So mag der Begriff „alte Seele" auf einen Menschen zutreffen, der viel mehr Erdinkarnationen hat als die meisten anderen. Ob ihn das zu einem entwickelteren Wesen macht oder ob er einfach langsamer lernt, bleibt abzuwarten.

Die Buddhisten glauben daran, daß der Seele eine ganz bestimmte Anzahl von Tagen zwischen den Inkarnationen zur Verfügung steht. Gemäß ihrer Tradition glauben sie, daß die Seele in der Geisterwelt, wir würden sagen, auf einer Astralebene wiedergeboren wird, wenn in dieser Zeit keine geeignete menschliche Inkarnationsmöglichkeit gefunden wird. Meine Erfahrung geht jedoch dahin, daß die Wesen ganz unterschiedlich lange zwischen ihren Inkarnationen verweilen. Einige scheinen Jahrhunderte verstreichen zu lassen. Andere gehen hinaus und kommen fast augenblicklich wieder.

Ich erinnere mich an eine Frau namens Vickie, mit der ich in Chicago an ihrer Beziehung zu ihrem sechsjährigen Sohn arbeitete. Sie hatte ein sehr enges Verhältnis zu ihrem Vater gehabt und war niedergeschmettert, als er auf dem Golfplatz tot umfiel, während sie im siebten Monat schwanger war. Ihr Kummer wurde durch die Geburt gelindert, und sie nannte ihren Sohn natürlich nach ihrem Vater. Ihr Sohn ersetzte ihr nicht nur emotional den Vater, sie fing schon bald an, dieselbe Bindung zu fühlen, die sie zu ihrem Vater hatte. Vickie war zu mir gekommen, weil sie bemerkt hatte, daß sie in ihrer Beziehung zu ihrem Sohn keinerlei Disziplin oder Konsequenz durchhalten konnte, und dies wirkte sich auf sein Verhalten in der Schule und auf seine Beziehung zu seinen Freunden aus. Sie berichtete, daß sie nicht fähig sei, ihm etwas zu verbieten, und sich gezwungen sehe, seinen Wünschen zu entsprechen. Er bestimmte das Leben zu Hause und verlangte den gleichen Respekt im Klassenzimmer und von seinen „Knappen". Wenn sich seine Lehrer oder seine Freunde seiner Autorität nicht beugten, wurde er ein verwirrter, wütender kleiner Junge.

Ich machte mit Vickie keine normale Rückführung. Ich bat sie, sich von der Plattform in den Raum jenseits der physischen Realität zu begeben, in der ihr höheres Bewußtsein und das höhere Bewußtsein ihres Sohnes die Vereinbarung getroffen hatten, daß er ihr Sohn werden sollte. In diesem Raum entdeckte sie natürlich, daß ihr Sohn ihr Vater gewesen war. Er war gerade rechtzeitig auf dem Golfplatz gestorben, um als ihr Sohn wiederzukommen.

Es ist wichtig, daß wir Wesen nicht mit Körpern verwechseln. Der Körper ist eine Maschine und hat ein eigenes Bewußtsein. Wir stehen in einer wechselseitigen Abhängigkeit zu unserem Körper, doch wir sind nicht der Körper. Unsere Emotionen können unseren Körper beeinflussen, und er kann unsere Wahrnehmung der Realität beeinflussen, doch wir sind (auf dieser Diskussionsebene) nicht dasselbe. Der Fötus kann ohne eine Seele (in Ermangelung eines besseren Wortes) heranwachsen, obwohl vor der Empfängnis eine Übereinkunft zwischen den Eltern und dem Wesen, das den Körper des Babys bewohnen wird, getroffen wurde.

Aus meiner Erfahrung als Rebirtherin weiß ich, daß die

Wesen zu unterschiedlichen Zeiten in den Fötus einziehen. Gewöhnlich kommen und gehen sie. Wenn du in der Gegenwart einer schwangeren Frau bist, kannst du dich einstimmen und spüren, ob das Wesen den Körper schon betreten hat. Das hat nichts damit zu tun, ob das Baby schläft. Häufig weiß die Mutter, ob das Wesen gerade „drin" ist oder nicht. Sie fühlt das Kommen und Gehen. Manchmal spürt sie, daß das Wesen „herumstreicht", den Körper des Fötus aber noch nicht betreten hat.

Ich habe vielen Diskussionen über Abtreibung beigewohnt, wo es um den Zeitpunkt ging, zu dem die Seele den Körper betritt, doch ich bezeuge, daß es variiert. Einige kommen kurz vor der Geburt, um sich während des Geburtsvorganges mit ihrer Mutter zu verbinden. Andere ziehen es vor, das Geburtstrauma auszulassen, und betreten den Körper erst nach der Geburt.

Während der frühen Kindheit kommt und geht das Wesen. Kleine Kinder verlassen nachts ihre Körper, so wie auch wir das häufig tun. Der sogenannte „Wiegentod" tritt dann ein, wenn das Wesen nicht zurückkommt. Es hat vielleicht seine Meinung geändert. Oder es hat ihm hier nach allem, was es erlebt hat, nicht gefallen. Vielleicht brauchte es auch nur eine kurze Erfahrung in einem Körper oder hatte irgendein unerledigtes Geschäft mit seinen Eltern.

Eine meiner Freundinnen schlief mit ihrem zehn Monate alten Sohn auf dem Boden ein, und als sie aufwachte, sah sie, daß er wegkrabbelte. Sie griff nach ihm, doch ihre Hand faßte durch seinen Körper hindurch. Da bemerkte sie, daß sein physischer Körper tief schlafend auf dem Teppich lag, und erkannte, daß sie nach seinem Astralkörper gegriffen hatte.

Ich erinnere mich an ein Leben als Geistführer zwischen den menschlichen Inkarnationen. Eine meiner engsten Freundinnen war häufig Geistführerin für mich, wenn ich in einem Körper lebte, und ich für sie, wenn sie sich inkarnierte. Gewöhnlich hatten wir einander abgewechselt und finden es jetzt sehr vielversprechend (wie die Buddhisten sagen würden), uns beide gleichzeitig verkörpert zu haben.

Welche Information aus vergangenen Leben du auch erhalten magst, erinnere dich daran, daß du für deine Realität verantwortlich bist. Vickie ist in dieser Inkarnation dafür verantwortlich, ihren Sohn zu erziehen, obwohl sie ihm diese Rolle fast abgetreten hätte. Sie erkannte, daß sie beide abgemacht hatten, einander sowohl als Eltern als auch als Kind zu dienen. Vickie entschied sich, ihr Wort so zu halten, daß sie die Rolle der Mutter für ihren eigenen wiedergeborenen Vater übernahm.

Du kannst deine eigenen vergangenen Leben und deren Einfluß auf deine gegenwärtige Realität selbst erforschen. Natürlich kannst du zu einem Reinkarnationstherapeuten gehen und deine vergangenen Leben unter professioneller Führung erleben. Es gibt viele verschiedene Möglichkeiten, mit vergangenen Leben zu arbeiten. Nicht viele Therapeuten wagen sich an die spirituellen Aspekte einer Rückführung. Auf der Therapieebene kommt man zu einem Ergebnis, ohne nach dem höheren Ziel oder dem Kontext eines Lebens zu fragen. Meiner Meinung nach ist das eine verpaßte Gelegenheit. Die Arbeit mit vergangenen Leben ist nutzlos, wenn du nicht die Verantwortung dafür übernimmst, deine Realität selbst erschaffen zu haben.

Der Verstand benutzt alles, um sich zu rechtfertigen oder zu rationalisieren anstatt Verantwortung zu übernehmen. Die Informationen aus vergangenen Leben können — wie alles andere auch — dazu benutzt werden, das Opfer spielen zu dürfen oder die eigene Kraft abzugeben. Es ist leichter zu sagen: „Es ist mein Karma, daß ich in diesem Leben einsam bin", als Schritte in Richtung einer liebevollen, nahen Beziehung zu unternehmen. Diese Rechtfertigung erlaubt dir zwar, dich nicht mit deiner Angst vor Vertrautheit zu konfrontieren, doch wird sie dich isolieren und daran hindern, bestimmte Freuden des Menschseins zu erfahren.

Informationen aus vergangenen Leben können dazu benutzt werden, andere zu beherrschen oder zu manipulieren — und damit entzieht man sich wieder der Verantwortung für die Erschaffung der eigenen Realität. Ich kannte einen Mann, der zu sagen pflegte: „Ich muß mit dem Stuhl gegen die Wand sitzen. In einem früheren Leben bin ich von hinten erschossen worden, und deshalb fühle ich mich nicht wohl, wenn mein Rücken frei ist." Das ist nicht viel anders, als die Sterne zu beschuldigen: „Ich bin ein Löwe, und deshalb muß ich im Mittelpunkt stehen. Seid bitte alle mal ruhig." Diese Beispiele sind sehr kraß, doch achte auf die subtileren Formen, dein Ego mit Informationen aus vergangenen Leben zu bestärken, oder darauf, wie du dich mit ihrer Hilfe von den anderen abheben willst. Ich habe das immer wieder erlebt.

Es ist deshalb so schwierig, Informationen aus vergangenen Leben als Rechtfertigung oder Entschuldigung für deine gegenwärtigen Handlungen zu verwenden, weil sich das alles auf eine Lüge gründet. Die Annahme, daß du jemals das Opfer von irgendwas warst, ist insofern eine Lüge, als du damit sagst, daß du dein Universum nicht geschaffen hast — daß du nicht Gott bist. Du allein bist für alles verantwortlich, was dir jemals zugestoßen ist. Dein höheres Selbst hatte für jeden Umstand, den du je in diesem Leben oder in einem anderen erlebt hast, einen Grund. Du gibst deine Macht an die Umstände ab, wenn du vorgibst, daß die Umstände für das verantwortlich sind, was dir geschehen ist. Du hast sie selbst geschaffen!

Es ist wahr, daß dein Körper sich an vergangene Traumata erinnert und Angst erlebt. Wenn du gesteinigt worden bist, weil du deine Wahrheit über Gott ausgesprochen hast, könnte dein Körper Angst erleben, wenn du vor einer Gruppe stehst und deine spirituellen Erfahrungen mitteilen willst. Vielleicht mußt du deinem Körper versichern, daß alles in Ordnung ist. Tröste ihn und erinnere ihn daran, daß jetzt eine andere Zeit ist. Das tut gut. Wenn du jedoch sagst, daß du deine spirituellen Erfahrungen nicht mitteilen oder in diesem Leben kein Heiler sein kannst, weil du in einem früheren Leben gesteinigt wurdest, dann gebrauchst du ganz einfach eine Ausrede. Rückführungen sollen dazu dienen, unsere Automatismen abzubauen, nicht, sie zu bestärken.

Ebensowenig nützt es, mit solchen Informationen dein Ego aufzubauen und dich in irgendeiner Weise von den anderen zu distanzieren. Kürzlich war in einer amerikanischen Zeitung eine Karikatur von Doonsbury zu sehen, unter der stand:

„Eigentlich ist es ganz natürlich, daß Tina Turner

glaubt, sie sei eine Königin im alten Ägypten gewesen ... Leute wie Frau Turner würden sich einfach nie vorstellen, ein, sagen wir, einbeiniger, hasenschartiger Albinohirte für Gürteltiere im alten St. Louis gewesen zu sein."

Meiner Erfahrung nach hatten wir viele Inkarnationen, in denen wir etwas ähnliches wie dieser „einbeinige, hasenschartige Albinohirte" waren. Solche Inkarnationen kommen häufig in Rückführungen hoch. Die Geschichte ist unwichtig. Dein höheres Bewußtsein ist nur an der Lektion interessiert, die du lernen sollst — an der Ausweitung deiner Erfahrung, daran, was es bedeutet, ein in einem menschlichen Körper manifestierter Geist zu sein. Deinem höheren Bewußtsein ist es gleich, ob du diese Lektionen in einem Leben als Bettler oder als König lernst.

Die Hindus sagen: Wir sind schon so lange hier, wie ein Vogel brauchen würde, um einen Berg, der eine Meile hoch und eine Meile breit ist, mit einem Seidentuch bis auf den Grund abzutragen, wenn er nur einmal alle hundert Jahre vorbeiflöge. Ich habe so etwa dreihundert Rückführungen mit mir selbst gemacht. Bei jeder habe ich eine andere Inkarnation erlebt. Ich weiß, keine Geschichte ist wichtiger als die andere.

Wir haben so viele Geschichten gelebt. Wir sind gut, böse und langweilig gewesen. Wir haben alles getan, was man im Spiel der Dualität tun konnte. Wir sind Heilige und Sünder, Opfer und Täter, Führer und Mitläufer, weise und dumm, arm und reich, stark und schwach, hochwohlgeboren und von niederer Herkunft, Ausbeuter und Ausgebeuteter, sinnlich und keusch gewesen. Wenn man eines der Leben nimmt und es über alle anderen stellt, dann versteht man nicht, worum es geht. Sich wegen einer hohen Position wichtig zu tun ist genauso dumm, wie sich wegen einer sündigen Inkarnation zu strafen. Wir sind weder das eine noch das andere. Wir sind der Raum, aus dem wir alles erschaffen.

Auf der anderen Seite scheint es so, daß sich viele Leute, mit denen ich gearbeitet habe, an die Leben erinnern, in denen sie viel Verantwortung getragen haben. Es ist nicht so, daß die ruhigen, erholsamen Leben nicht in ihrem „Computer" wären. Es ist einfach so, daß diese Leben gewöhnlich nicht so bedeutsam für die Themen sind, deretwegen jemand zu einem Reinkarnationstherapeuten geht. Das Leben eines glücklichen Schafhirten im Heidiland enthält wahrscheinlich nicht das Trauma, das die Maschinerie des Geschäftsmannes aus Manhattan beeinflußt. Jedoch könnte das Leben als Redner im antiken Griechenland den Schlüssel zu den Problemen liefern, mit denen er jetzt kämpft.

*****

Du kannst eine Rückführung mit dir selbst ohne äußere Hilfe wie eine Meditation machen. Wenn du bereits mit innerer Arbeit vertraut bist, kann das für dich ganz einfach sein. Du kannst jede Entspannungstechnik anwenden, an die du gewöhnt bist, oder du kannst dir die Technik in diesem Buch merken. Der Trick ist hier wieder, die Bilder oder Informationen fließen zu lassen und alles anzunehmen, was kommt.

Wenn du entspannt bist, dann konzentriere dich auf das Thema, das du dir ausgewählt hast, und frage dich selbst, in welchem früheren Leben die Quelle dafür zu finden ist. Wenn Bilder kommen und die Geschichte sich entwickelt, kannst du dich fragen: „Was habe ich entschieden, wenn das geschehen ist?“ Nachdem du die Erfahrung jenes Lebens durchlaufen hast, sage dir, daß du jetzt mit deinem höchsten Bewußtsein sprechen willst. Frage dann dein höheres Bewußtsein nach dem wirklichen Zweck dieses Lebens.

Vielleicht wirst du auch, wie ich, ganz unerwartet in deinem jetzigen Leben mit der Erfahrung eines früheren Lebens konfrontiert. In diesem Fall mußt du nicht nach einem Thema suchen, das Thema findet dich. Gestern morgen machten Prana und ich einige Dehnübungen. Er ist in Körperarbeit sehr gut, und da ich es nicht bin, folge ich gehorsam seinen Anweisungen. Wir standen Rücken an Rücken und streckten unsere Arme über den Kopf. Er faßte meine Handgelenke, lehnte sich nach vorne und zog meinen Körper der Länge nach über seinen Rücken. Als meine Zehen keine Berührung mehr mit dem Boden hatten, begann ich zu weinen. Ich fühlte keine Schmerzen. Ich fühlte Panik und die Tränen, doch keine Gedanken, die mit der physischen Reaktion in Zusammenhang standen. Mir wurde klar, daß eine Erinnerung aus einem früheren Leben an die Oberfläche kam, und deshalb führte ich folgenden Dialog mit mir selbst:

„Was ist das?“

„Die Folterbank.“

„Wann?“

„In der Inquisition.“

„Warum?“

„Ich wollte nicht lügen.“

„Gut. Wenn das geschehen ist, was hast du entschieden?“

„Ich habe entschieden, nie mehr die Wahrheit zu

sagen."

„Interessant, in Anbetracht der Tatsache, daß du gerade dabei bist, ein Buch zu schreiben. Willst du das loslassen?"

„Ja, ich lasse es los."

„Gut, sage mir jetzt, wozu dieses Leben wirklich diente."

„Immer die Wahrheit zu sagen, ganz gleich, was geschieht."

Währenddessen machte ich meine Aufwärmübungen. Das Leben ging weiter, während ich ruhig meinen Prozeß durchlebte.

Vielleicht geschieht dir dasselbe. Mit einiger Übung kannst du diese Reaktionen genau zu dem Zeitpunkt klären, wenn sie aus einem früheren Leben an die Oberfläche deines „Computers" steigen. Vielleicht triffst du einen Menschen und hast das Gefühl, ihn zu kennen. Atme durch, schließe die Augen und frage: „Woher kenne ich diesen Menschen? Wie war unsere Beziehung zueinander? Gibt es irgend etwas, was zu vervollständigen wäre?" Nimm an, was kommt. Es ist nicht so wichtig, alle Informationen zu bekommen. Es ist wichtig, daß du anfängst, dich verantwortlich für deinen „Computer" zu fühlen. Dann kannst du bewußt zu Menschen in Beziehung treten, ohne durch Programmierungen vergangener Zusammenstöße beeinflußt zu sein.

Wenn du weißt, daß die Abneigung oder die Anziehung, die du für einen Menschen empfindest, nichts mit dem Jetzt zu tun hat, kannst du angemessen auf die gegenwärtige Realität reagieren und nicht aus den unbewußten Programmen deiner Vergangenheit. Beginne damit, dich als ein Wesen mit vielen Facetten anzunehmen, das auf einen reichen Erfahrungsschatz zurückgreifen kann. Ich habe erlebt, daß mein Wissen um meine früheren Leben dem jetzigen mehr Konsistenz und Tiefe gegeben hat.

Das erste Buch, das ich gechannelt habe, heißt auf deutsch: *Aufruf an die Lichtarbeiter.* In diesem Buch schlägt Sanat Kumara vor, die Träume dazu zu benutzen, das Karma zu vollenden. Er empfiehlt, daß du vor dem Einschlafen dein höheres Bewußtsein bittest, den Traumzustand dazu zu benutzen, um ____________ (dein Thema), dessen Quelle in einem vergangenen Leben zu finden ist, zu vollenden. Dieser Prozeß muß vierzehn Nächte hintereinander durchgehalten werden, um effektiv zu sein. Wenn du eine Nacht vergißt, kannst du eine weitere anfügen. Wenn du drei Nächte vergißt, muß du von neuem beginnen. Ich habe viele, viele Briefe bekommen, die diese Technik lobten. Warum probierst du nicht, ob es bei dir klappt?

Du kannst auch eine Rückführungskassette benutzen, um die Entdeckungsreisen in deine vergangenen Leben zu begleiten. Mein deutsch sprechender Ehemann Prana und ich haben eine zweisprachige Rückführungskassette gemacht, die du zu diesem Zweck bestellen kannst. Wenn du willst, kannst du dir auch deine eigene Kassette machen, indem du den Entspannungsprozeß aus diesem Buch auf Band sprichst und die Hauptfragen aus den Sitzungen, die du gelesen hast, hinzufügst.

Schaffe dir eine Umgebung für deine innere Arbeit, in der du bequem, entspannt und ungestört sein kannst. Spiele deine Kassette ab und beantworte laut die Fragen.

Wenn du deine Erfahrungen aussprichst, machst du sie realer. Du kannst ein zweites Bandgerät dazu benutzen, deine Antworten aufzunehmen, wenn du eine Aufzeichnung der Rückführung willst. Wenn ich private Sitzungen mache, nehme ich die Sitzung immer auf und gebe dem Klienten das Band. Oft negiert unser Verstand unsere Erfahrungen, deshalb ziehe ich es vor, eine Aufzeichnung zu machen. Wenn der Klient dann fragt: „Ist das wirklich geschehen?“ empfehle ich ihm, das Band noch einmal anzuhören.

Wenn du lieber mit einem Reinkarnationstherapeuten arbeiten willst, ist es wahrscheinlich, daß du einen Therapeuten findest, der nicht mit der Möglichkeit vertraut ist, das höhere Bewußtsein nach dem Sinn zu fragen, den du in jenem Leben erkennen solltest. In diesem Fall sage ihm zu Anfang, daß du deinen Körper in jenem Leben durch den Tod verlassen willst. Bitte ihn, dein höheres Bewußtsein nach dem Sinn jenes Lebens zu fragen. Wir haben viele Therapeuten im deutschsprachigen Raum in unseren Lichtarbeiter-Trainingsgruppen ausgebildet und können dir einen in deiner Umgebung empfehlen, wenn du daran interessiert bist.

Wenn der Therapeut diesen Vorschlägen nicht offen gegenübersteht (wenn er eine Technik hat, von der er weiß, daß sie funktioniert, will er sie vielleicht nicht verändern), dann kannst du später noch nach der Lektion fragen. In so einem Fall empfehle ich, daß du nach der Sitzung nach Hause gehst, ohne mit anderen Menschen zu reden, um so dicht wie möglich mit deiner Erfahrung in Berührung zu bleiben. Nimm den Telefonhörer von der Gabel, hänge einen Zettel an die Tür, daß du nicht gestört werden willst, uhd lege dich entspannt hin. Nimm deinen Atem, um deinen Körper zu entspannen und um die Erinnerung an die Sitzung hochzuholen. Dann bitte dein höheres Bewußtsein, in den Raum vor dem Leben zu gehen — bevor du in jenen Körper eingingst, und frage das höhere Bewußtsein, warum es diese spezielle Erfahrung für dich vorgesehen hat. Welche Lektion solltest du nach Meinung deines höheren Bewußtseins lernen?

Nimm immer das erste, was dir in den Sinn kommt. Argumentiere nicht mit deinem höheren Bewußtsein. Wenn du eine Frage hast, dann stelle die Frage und akzeptiere die Antwort. Wenn die Antwort unklar ist, bitte um Klarheit — doch nimm, was kommt. Wenn sie voller Urteile ist, weißt du, daß du nicht mit deinem höheren Selbst kommuniziert hast. Frage noch einmal.

Natürlich solltest du einen Therapeuten finden, bei dem du dich wohl fühlst. Ganz einfach deswegen, weil der Umgang mit vergangenen Leben neu für dich sein mag und du vielleicht ein bißchen schüchtern in diesem neuen Bereich bist. Arbeite mit keinem Therapeuten, bei dem du dich nicht wohl fühlst. Wenn du den starken Wunsch hast, den Reinkarnationstherapeuten zu finden, der am besten für dich ist, wird es geschehen.

Wenn du deine vergangenen Leben mit einem Therapeuten erforschen willst, dann passe auf dich auf. Folge dem, was sich gut für dich anfühlt, und wenn du jemanden gefunden hast, bei dem du dich wohl fühlst, dann vertraue ihm. Benutze ihn als Entschuldigung für dich selbst, loslassen zu dürfen und zu entdecken, was sich in dir befindet. Wenn du die Zeit der Rückführung damit verbringst, über deinen Therapeuten zu urteilen, dann erlaubst du deinem Verstand, dich um eine Erfahrung zu betrügen, die dein Leben verändern könnte (und die deshalb ein Schrecken für deinen Verstand ist). Beende also deine mentale Diskussion über den Therapeuten, bevor du anfängst, und lasse dich völlig in die Erfahrung sinken, die dir zugänglich wird. Wenn du das Gefühl hast, etwas verpaßt zu haben, kannst du selbst später die Lücken zu Hause füllen.

Kapitel 6

Arbeit mit anderen

In diesem Buch werden immer wieder Verhaltensweisen beschrieben, die sich auf Karma zurückführen lassen. Einige sind sehr subtil, andere weniger. Wenn jemand ständig leidet und der ganzen Welt davon erzählt, dann kannst du wetten, daß er überzeugt ist, Leid zu verdienen. Wenn du mit einem Menschen zusammen bist, der sich ständig beklagt, dann sagt er in Wirklichkeit: „Schau, ich leide. Jetzt wird mir alles zurückgezahlt, was ich getan habe. Es tut mir leid."

Wenn du ein Verhaltensmuster aus einem früheren Leben ausfindig machen willst, dann beobachte, was im Leben eines Menschen geschieht. Das Hauptproblem dieses Menschen wird das Thema der Rückführung sein. Wenn jemand mißbraucht worden ist, dann weißt du, daß es ein Leben gegeben hat, in dem er entschieden hat, bestraft werden zu müssen. Das Thema der Rückführung könnte sein, das Leben zu erforschen, in dem er sich am schuldigsten fühlte, oder das Leben, in dem er andere am schlimmsten mißbraucht hat, oder das Leben, für das er sich bestrafen will. Wenn du mit dem Klienten sprichst und nach innen horchst, wenn du an dir selbst arbeitest, wirst du ein Gefühl dafür entwickeln, was richtig ist.

Immer und immer wieder habe ich die unbeschreibliche Liebe gesehen, die wir füreinander fühlen. Als ich anfing, mit Menschen zu arbeiten, glaubte ich an die Existenz der Negativität. Ich glaubte an Widerstand. Ich dachte, daß die

Menschen wirklich rachsüchtig sind und dieses Gefühl einfach nicht loslassen wollen. Ich suchte, wie viele andere, nach dem Schatten im Menschen. Ich fand immer nur Liebe. Oft findet man Leid, und unter dem Leid ist Liebe. Es ist umwerfend, in welchem Ausmaß wir uns aus Liebe für die anderen einsetzen. Viele von uns gehen freiwillig durch zahllose leidvolle Inkarnationen und sehen das Leid der anderen, weil sie die Menschen lieben und sich entschieden haben, immer wieder auf die Erde zu kommen, um zu helfen, wo sie nur können.

Ich beschreibe jetzt ein ganz allgemeines Verhaltensmuster. Wenn ich in einem früheren Leben denjenigen, den ich liebte, getötet habe, sei es aus Versehen oder in einem Anfall von Erregung, könnte ich die Überzeugung entwickeln, daß ich Menschen, die ich liebe, töten werde. Deshalb werde ich aus Liebe zu den Menschen niemanden lieben. Ich werde sie vor mir schützen, damit sie nicht sterben müssen. So agiert der Verstand. Tatsächlich versagen sich diese Menschen liebevolle, vertraute Partnerschaften, weil sie den Wunsch haben, die anderen vor sich selbst zu schützen. Sie geben sich unnahbar, ja selbst aggressiv, doch meistens steckt hinter ihrem Verhalten die Überzeugung, daß sie den anderen wehtun, wenn sie ihre Liebe zeigen. Deshalb behalten sie sie für sich. Aus reiner Liebe sind sie bereit, sich von den anderen zu isolieren, um sie zu schützen. Der Verstand ist eine verrückte Maschine.

Natürlich gründet sich dieses Verhaltensmuster, wie alle anderen auch, auf die Illusion, daß wir keine Götter sind. Als wenn nicht jeder von uns exakt das ausgewählt hätte, was ihm geschieht! Als ob Götter verletzbar wären! Alles, was uns jemals geschehen ist, ist perfekt. Es geschah genauso, wie wir es für uns vorgesehen hatten. Es gab keine Fehler. Niemals hast du einem anderen etwas angetan, was dieser nicht für sein eigenes Wachstum oder für seinen Erfahrungsschatz gebraucht hätte. Und ebenso hat auch dir niemand etwas angetan, was du nicht auf irgendeiner Bewußtseinsebene so gewollt hättest.

Ein ähnliches Muster existiert in bezug auf Führerschaft. Wenn die Armee, die ich befehligt habe, gefallen ist, werde ich nie wieder Menschen führen, weil ich sie vor dem Sterben bewahren will. Dasselbe gilt für das Heilen. Wenn es mir als Medizinfrau nicht gelungen ist, den Sohn des Häuptlings zu heilen, und mein Volk ohne Führer zurückblieb, könnte ich mich dazu entscheiden, daß man mir als Heiler nicht trauen darf und daß ich nie wieder heilen werde, um die Menschen vor mir zu bewahren. Bei meiner Arbeit mit Menschen kam dieses Muster sehr häufig hoch, denn viele von uns erkennen jetzt, daß sie Heiler sind. Oft fühlen wir uns zum Heilen hingezogen (in welcher Form auch immer), doch wir fühlen gleichzeitig auch ein Widerstreben, wirklich konkret als Heiler zu arbeiten.

Wenn ich in einem früheren Leben meine Macht mißbraucht habe (wie fast alle von uns), werde ich sicherstellen, daß ich meine Macht in diesem Leben unterdrücke, weil ich Angst habe, daß ich jemanden verletze, wenn ich sie auslebe. In Wahrheit haben wir uns selbst Lektionen erteilt, was in Hinsicht auf Macht funktioniert und was nicht, damit wir sie einsetzen können, wenn die Zeit gekommen ist. Die Zeit ist gekommen! Wir haben uns für diese Zeit auf diesem Planeten ausgebildet. Weil wir unsere Macht in der Vergangenheit mißbraucht haben, können wir uns vertrauen, daß wir sie in der Gegenwart nicht mehr mißbrauchen. Wir haben gelernt, daß es nicht funktioniert. Wir haben gelernt, daß es uns nicht befriedigt. Wir werden diesen Fehler nicht wiederholen. All unsere Lektionen haben wir für diese Zeit gelernt. Wir haben unsere Fehler gemacht, als noch nicht so viel auf dem Spiel stand, als es noch nicht möglich war, den halben Planeten mit einem Fingerdruck in die Luft zu sprengen. Wir absolvierten Probeläufe für die Zeit, in der wir uns entscheiden würden aufzuwachen.

Eine sehr erfolgreiche Astrologin aus Manhattan kam zu mir, weil sie sich von ihrer Arbeit aufgefressen fühlte. Sie war sehr stark gefragt und konnte einfach nicht „nein" sagen. Sie bürdete sich so viele Klienten auf, daß sie keine Zeit mehr für sich selbst und ihr Privatleben hatte. Sie liebte ihre Arbeit, erkannte aber, daß sie nicht mehr die Freiheit hatte, über das Ausmaß zu entscheiden. Ihre Arbeit hatte Macht über sie und nicht sie über die Arbeit.

Wir gingen zurück zu dem Leben, das die Quelle ihrer Zwanghaftigkeit in bezug auf die Arbeit enthielt. Sie war der Führer eines Nomadenstammes gewesen, der seinem Volk den Weg zu verschiedenen Oasen wies, indem er den Sternen folgte. Dann machte er einen Fehler. Es gab keine Oase und kein Wasser. Er mußte zusehen, wie sein Volk langsam starb. Da er der Stärkste war, überlebte er am längsten. Seine Führerrolle und die Wertvorstellungen seiner Kultur bewirkten, daß er sich den Schmerz um den Verlust seines Volkes nie eingestand.

Jetzt versuchte sie als Astrologin in Manhattan buchstäblich, ihr Volk zu retten. Aus ihrer Schuld und ihrem unterdrückten Kummer heraus fühlte sie sich getrieben, den Menschen aus den Sternen zu lesen, um ihnen zu helfen. In der Rückführung gelang es ihr, den unterdrückten Kummer zu erleben. Sie sah, daß die Wesen, die sich dazu entschieden hatten, ihre Untertanen zu sein, dieses Leben dazu gebraucht hatten, die Erfahrung vollkommener Loyalität zu machen — einem anderen bis in den Tod zu folgen —, und konnte ihre Schuld loslassen. Sie fing damit an, besser auf sich aufzupassen, konnte jetzt einen ungeduldigen Klienten ablehnen und sich Zeit für ihr Privatleben nehmen.

Ein bekannter prostestantischer Prediger machte eine Rückführung bei mir, um die Quelle seiner Verbindung mit Christus zu entdecken. Er erlebte sich als römischer Soldat, der bei der Kreuzigung dabeigewesen war. Er spielte keine aktive Rolle beim Leiden Jesu, war aber so tief berührt von der Erfahrung, daß er später die römische Armee verließ und Christ wurde. Doch die Schuld, einer aus der Gruppe gewesen zu sein, die Christus getötet hatte, blieb bestehen. Diese Schuld spielte immer noch eine Rolle bei seinen Predigten. Sie zeigte sich in seinem gerechten Eiferertum, das jedoch — wie er spürte — seiner Liebe für die Menschen entgegenstand. Als er in dem Raum zwischen den Inkarnationen nach dem Sinn dieses Lebens als römischer Soldat suchte, riefen wir Christus, um zu erfahren, welche Übereinkunft zwischen den beiden getroffen worden war. Wir riefen das Wesen, das die Rolle Jesu gespielt hatte. Da veränderte sich die Energie im Raum, und das Christusbewußtsein wurde spürbar. Bei diesem Kontakt wurde ein genauer Plan für die weitere Arbeit des Predigers aufgestellt. Er hatte in erstaunlich vielen Inkarnationen die Botschaft Christi durch die Jahrhunderte getragen. Christus selbst gab ihm mit jenem Leben ein Beispiel dafür, daß man sich selbst treu bleiben muß, ganz gleich, was es kostet. Es war wunderschön, ihrer Kommunikation zuzuhören und zu erkennen, daß das gegenwärtige Leben vor so langer Zeit geplant worden war.

Vor kurzem besuchten wir ein Treffen all der Menschen, die unser Lichtarbeitertraining in Europa mitgemacht hatten. Es wurde ein großes Fest, auf dem wir die Gründung eines Netzwerkes für Lichtarbeiter besprachen. Einige aus der Gruppe hatten sich schon früher getroffen, um solch ein Netzwerk oder eine Dachorganisation zu diskutieren.

Dort unterhielt ich mich mit einem Mann, der gerade das Training beendet und seitdem noch an einer weiteren Gruppe teilgenommen hatte. Er erzählte mir von einer Rückführung, die er in dieser letzten Gruppe erlebte. Ich fühlte, daß seine Erfahrung anderen Menschen helfen könnte, und fragte ihn, ob ich ihn zu seinem Erlebnis befragen dürfe, um es hier im Buch zu veröffentlichen. Ulli ist Computerfachman und Programmierer und hat sehr viel für sein spirituelles Erwachen getan. Seine Wahrnehmungen sind sehr klar und zeigen, daß er schon seit einiger Zeit auf dem Weg ist. Ich hatte ihm einige meiner neueren Erfahrungen erzählt, und am Ende des Interviews lachten wir ziemlich viel. Hier ist das Protokoll des Interviews:

ULLI: „In dieser Rückführung kam die Angst hoch, die ich empfunden hatte, als ich den anderen meine Wahrheit sagen sollte, und das machte ich zum Thema der Sitzung. Dann kam sofort etwas hoch, was mir sehr fremd war. Ich fand überhaupt keine Beziehung dazu. Ich war ein Henker im fünfzehnten Jahrhundert in Deutschland. Den Namen habe ich vergessen. Irgendwo in der Gegend von Mainz. Ich sah, wie ich für die öffentliche Behörde Leute aufhängte. Zuerst konnte ich das gar nicht verstehen. Dann machte ich einen Sprung in der Zeit, dahin, wo alles anfing.

Ich erlebte mich als ein Kind, das alles wußte. Keiner konnte mir etwas beibringen. Und aus meinem Wissen heraus versuchte ich, den Leuten zu helfen, und das tat ich auf eine sehr lustige Art. Ich verwickelte mich in alles, befaßte mich mit den weltlichen Autoritäten, mit der Kirche, mit allen möglichen esoterischen Zirkeln — magischen Zirkeln und Geheimgesellschaften — und versuchte, all ihre Irrtümer und Voreingenommenheiten zu heilen, indem ich mit ihnen zusammen war. Doch es war sehr gefährlich, da die meisten Geheimgesellschaften mich umgebracht hätten, wenn sie gewußt hätten, daß ich auch mit den anderen Kontakt hatte. Und es wurde immer schwieriger, das zu verbergen. Es war nicht nur so, daß ich mich nicht sehen lassen durfte. Ich mußte außerdem sehr vorsichtig mit dem sein, was ich sagte, denn wenn ich das Falsche sagen würde, hätten einige Leute gewußt, daß ich mit den „Falschen" zusammen gewesen war. So wurde es immer unmöglicher, etwas zu sagen oder zu tun. Und das bezog sich auf mein Thema.

Was mich wirklich umgehauen hat — wirklich umgehauen, war der Grund, weswegen ich diesen Henkerjob hatte. Ich tat es, weil ich einer Geheimgesellschaft diente, die hinter den Seelen der Leute her war, die ich aufhängte. Ich mußte sie so aufhängen, daß sie die Seelen abfangen konnten. Ich habe nicht gesehen, was sie mit ihnen mach-

ten, doch sie befaßten sich irgendwie mit ihnen."
RHEA: „Mmh, das macht die Arbeit für Gott ziemlich bedrückend, findest du nicht?"
ULLI: „Der Schock war riesig groß, und dann kam sofort der Gedanke ‚Jesus, wie viele Clearings muß ich jetzt machen, um dieses Karma auszubalancieren?'. Dann kam noch viel mehr verrücktes Zeug. Szenen, in denen ich nachts im Wald schwarzmagische Praktiken durchführte, Feuermauern kontrollierte und sie herumwirbelte und noch mehr so Kram. Es war ganz schön hart. Dann sah ich, wie das alles endete — ich wurde gefaßt. Es war passiert. Eine Gesellschaft erwischte mich dabei, wie ich für die andere arbeitete. Und sie hielten Gericht und verurteilten mich."
RHEA: „Ein offizielles Gericht oder das Gericht der Gesellschaft?"
ULLI: „Ein Gericht der Gesellschaft. Denn offiziell wurde diese Gesellschaft von der Kirche verfolgt. Sie konnten es nicht offiziell tun. Sie verschleppten mich irgendwohin und hielten Gericht. Und sie fanden heraus, daß ich ihnen gegenüber wortbrüchig gewesen war. Und die Strafe war, daß sie mir heißes flüssiges Blei die Kehle runtergossen. Also habe ich das auch gesehen."
RHEA: „Und das Thema der Rückführung war ..."
ULLI: „Meine Angst, die Wahrheit zu sprechen. Das paßte ganz perfekt, einfach perfekt. Und dann kam mir, daß ich vor kurzer Zeit einige Reiki-Sitzungen gehabt hatte und dabei feststellte, daß mein einziges Chakra, das wirklich verschlossen ist, das Kehlkopfchakra ist. Für mich heißt der Schlüssel Kommunikation. Wenn ich diese Barriere überwinde, bedeutet das viel Freiheit für mich."

RHEA: „Und was war das höhere Ziel dieses Lebens?"
ULLI: „Ich komme später darauf zurück. Es gibt noch etwas Interessantes über das schwere Karma zu sagen, das ich mir vermeintlich geschaffen hatte. All die Leute, die ich aufgehängt hatte, kamen mir in diesem Tunnel jenseits von Zeit und Raum entgegen. Und sie sagten mir, daß ich mir über das Karma keine Sorgen machen solle. Sie seien in dieses Leben gekommen, um genau von mir aufgehängt zu werden, und deshalb sei nichts auszubalancieren. Ich solle mir keine Sorgen um das Karma machen. Und sie erzählten mir, daß sie in einem früheren Leben meine Schüler gewesen seien und daß dies der härteste Test für sie gewesen sei, mir selbst ihre Seelen zu geben. Und ich hatte das Gefühl, so eine Art mittelalterlicher Alchemist gewesen zu sein. Ich sah sie als meine Schüler und forderte diese vollkommene Hingabe — daß sie mir selbst ihre Seelen geben müßten."
RHEA: „Was war das höhere Ziel? Warum hast du dir diese Erfahrung gegeben?"
ULLI: „Meinst du das Ziel jenes Lebens?"
RHEA: „Ja."
ULLI: „Es hatte mit Taten zu tun. Daß ich die Welt nicht durch Taten heilen kann. Das geschieht nur dann, wenn man den Seinsaspekt verwirklicht. Und da ist noch mehr. Daß ich die Welt nicht retten kann, daß ich nur der sein kann, der ich bin, und das ist alles — keine Strategien, keine Pläne, nichts dergleichen. Und wenn man in all das verwickelt ist und es wirklich hart versucht, macht man alles nur schlimmer. Wenn es also eine Antwort auf alle Fragen gibt, dann heißt sie: ‚Laß los.' Und dann gibt es auch kein Karma mehr."

RHEA: „Großartig!“
ULLI: „Ich meine, was kann man noch mehr wollen? Was noch?“
RHEA: „Gut. Das andere, was mich interessieren würde, ist, ob du nach der Sitzung irgendeine Veränderung in dir bemerkt hast.“
ULLI: „Ja, ich hatte einen wirklichen Durchbruch, was die Kommunikation betrifft. Eine Woche später versuchte ich, meinen Job zu kündigen. Doch statt dessen führte ich zum erstenmal ein wirklich offenes, wahres Gespräch mit meinem Chef. Ich sagte ihm geradeheraus, womit ich nicht einverstanden war. Ich erzählte ihm von meinem Leben. In der formellen Arbeitswelt habe ich immer bewußt mein spirituelles Leben verborgen. Ich habe mich total abgesichert, daß nichts davon in mein Geschäftsleben sickern konnte. Und hier, zum erstenmal, erzählte ich es einfach.“
RHEA: „Du hast die Autoritäten informiert ...“
ULLI: „Richtig. Das ist das eine. Und genauso wichtig ist, daß Dinge wie die Lichtarbeit, wie ich sie früher gesehen habe, alle Arbeit in der Richtung — es spielt keine große Rolle mehr. Ich versuche nicht verzweifelt, einen anderen Job zu finden und ein anderes Leben zu führen. Ich sehne mich nicht mehr danach, Sitzungen mit anderen zu machen oder irgend etwas von dem anzuwenden, was ich gelernt habe. Es spielt nicht mehr die Rolle wie früher. Ich meine damit, daß es keinen großen Unterschied macht. Und ich werde immer mehr dieser Seinsaspekt. Ich beobachte noch, daß ich mich dränge, doch irgendwie ist das zu einer überlebten Gewohnheit geworden. Es funktioniert noch, doch der Augenblick ist nahe, in dem es nicht mehr funktioniert, weil ich erlebe, daß es keinen Kern mehr hat.

Es gibt dafür keinen Grund mehr. Es ist vorbei. Es ist nur noch eine überlebte Gewohnheit, die sich wiederholt. Im Grunde gibt es nichts mehr, was ich tun könnte. Und das habe ich erfahren.

Ich erlebe jetzt, daß diese Konferenz ziemlich bedeutungslos ist. Lichtjahre liegen zwischen diesem Treffen und unserem Treffen vor zwei Monaten. Ich kann jetzt sehen, daß diese Rückführung wirklich eingesickert ist. Sie hat immer noch Auswirkungen... wird integriert. Ich sehe sehr klar, daß sich zwischen dem Treffen damals und jetzt viel verändert hat."

RHEA: „Gut, ich habe keine Fragen mehr. Möchtest du noch etwas sagen?"

ULLI: „Das einzige ist, daß ich das, was du uns gestern gesagt hast, tief empfunden habe. Ich kann tief mitfühlen, daß du die Erleuchtung in Frage stellst. Für mich existiert sie jetzt überhaupt nicht. Ich glaube, sie ist nur ein weiterer Spaß. Es gibt wirklich nichts zu tun. Es gibt noch nicht einmal ein Wachstum. Wachstum geschieht auf der Körper-Verstandes-Ebene. Der, der ich wirklich bin, ist immer vollkommen gewesen und wird es auch immer sein. So gibt es also wirklich nichts zu tun."

RHEA: „Ich glaube, du hast das Training verstanden."

ULLI: „Ich weiß nicht, was ich in Zukunft tun werde. Gerade jetzt habe ich noch meinen Job. Und das ist sehr gut. Es ist besser, als es jemals gewesen ist. Und dort passieren mir Dinge, über die ich nicht immer glücklich bin. Ich kann immer noch fallen, ich weiß es nicht. Doch ich muß jetzt nicht dringend eine Entscheidung treffen oder etwas verändern. Und ich sehne mich immer noch danach, in Gesellschaft all dieser Menschen zu sein. Einfach grundlos, nicht um etwas zu tun oder zu schaffen. Einfach, um dabei zu sein."

Zuweilen gibt es Menschen, die sich schwer damit tun, ein vergangenes Leben zu erleben. Jeder macht seine einzigartige Erfahrung. Es gibt keine „richtige" Art und Weise, wie man eine Rückführung erleben sollte. Es gibt keinen Standard, an dem man die eigene Erfahrung messen könnte. Man kann weder erfolgreich sein noch versagen. Es ist genauso wie das Leben, in jedem Augenblick vollkommen und exakt so, wie es für den einzelnen richtig ist.

Einige Menschen erleben eine Rückführung wie ein Schauspieler auf der Bühne, agieren jede Emotion aus und erleben jeden Augenblick. Andere sehen das Leben, das sie sich zurückrufen, als ob sie einen Film anschauen würden. Sie bleiben außerhalb der Ereignisse und beobachten sie aus der Entfernung. Beide Wege sind gut. Ich glaube, daß es hilfreich ist, wenn man sich erlaubt, die Erfahrungen des früheren Lebens ganz intensiv zu durchleben, um die Emotionen zu befreien, die damit verbunden sind. Die Erfahrung hat mich jedoch gelehrt, daß beide Arten ihre Auswirkungen auf das Leben des Klienten haben. Rückwirkend betrachtet wirkt beides.

Von der NLP (Neuro-Linguistische-Programmierung) bekommen wir die Unterscheidungskriterien: visuell, auditiv und kinetisch. Ich kann das von meiner Erfahrung her bestätigen: einige Klienten visualisieren, andere hören Botschaften und wieder andere fühlen bestimmte Dinge. Jede dieser inneren Orientierungen funktioniert bei der Rückführung.

Einige haben kein Problem mit dem Visualisieren. Tatsächlich können sie verschiedene Leben auf einmal sehen und haben Schwierigkeiten, sich auf ein bestimmtes zu konzentieren, dem Faden einer einzigen Erinnerung zu folgen. Wenn das geschieht, läßt man sie sich auf ihre Füße konzentrieren. Wenn du die Rückführung mit schwarzen Stiefeln begonnen hast und plötzlich an dir runterschaust und rote Ballettschuhe siehst, weißt du sicher, daß du in ein anderes Leben gerutscht bist. Wenn du dich dann weiter auf deine Füße beziehst, wirst du die Erfahrung des Lebens, an dem du arbeiten willst, festigen können.

Die Leute glauben, daß man Bilder sehen muß, um eine Rückführung „richtig" zu erleben. Sie glauben sogar, daß es eine „richtige" Weise gibt, in der man visualisieren muß. Manche Leute sehen Bilder, die sich bewegen, andere sehen Schnappschüsse, als ob sie eine Diaserie anschauten. Es geschieht genauso für dich, wie es geschehen „soll". Es gibt Leute, darunter auch Reinkarnationstherapeuten, die gar keine Bilder sehen.

Einige Leute orientieren sich nach dem Gehör. Das bedeutet, daß sie Ereignisse eher hören als sehen. Sie gehen von der Plattform, schauen auf ihre Füße und sehen nichts. Doch sie reagieren auf das Kommando an ihr Unterbewußtsein: „Schau auf deine Füße und sage mir, was du siehst", indem sie die Worte „schwarze Stiefel" hören. Solche Menschen müssen nur dem folgen, was sie hören, um eine erfolgreiche Rückführung zu machen.

Andere Menschen sehen und hören nichts, doch sie haben ein Gefühl, was sie sehen oder hören würden, wenn sie sich visuell oder auditiv orientierten. Sie fühlen, was geschehen ist, und das ist genauso effektiv wie die anderen Erfahrungen.

Eine unserer größten Blockaden gegen eine erfolgreiche Rückführung ist der Verstand. Der Verstand will beurteilen und abwägen und steht der tiefen Erfahrung im Weg. Er will die Geschichte redigieren und vergleichen und die Informationen, die an die Oberfläche kommen, gegen das abwägen, was er weiß oder für möglich hält. Der Verstand will das Datum, den Namen und die historischen Tatsachen diskutieren — er wird alles tun, um die Emotion der Erfahrung zu vermeiden. Man sollte schon vorher beschließen, für die Dauer der Rückführung nicht zu urteilen. Wenn die Sitzung mitgeschnitten wird, kann man das Band später hören und dann urteilen.

Der Verstand agiert besonders dann sehr stark, wenn der Name einer berühmten Person hochkommt. In den vielen tausend Rückführungen, die ich gemacht habe, begegnete ich zwei Heinrichs VIII., drei Kleopatras und ungefähr sieben Jesus Christus'. Jedesmal schien die Rückführung sehr authentisch zu sein. Ich vermute, daß die Menschen, die man für geisteskrank erklärt, weil sie sich für Jesus Christus halten, eine reale Erfahrung berührt haben, die vielen Menschen zugänglich ist. Es scheint so, daß bestimmte Energien einen so starken Eindruck auf das kollektive Unbewußte gemacht haben, daß sich viele in diese archetypische Erfahrung einschalten können. Ich habe auch beobachtet, daß manche Erfahrungen historisch zwar nicht genau stimmen und trotzdem vom höheren Bewußtsein gegeben wurden, weil sie etwas bewirken. Ich bitte die Leute immer, alles zu akzeptieren, was hochkommt. Es spielt keine Rolle, was es ist, es liegt ein Geschenk von ihrem höheren Bewußtsein darin verborgen, sonst hätten sie es nicht erlebt.

Ein weiterer Gedanke, der den Leuten während einer Rückführung im Weg steht, ist dieser: „Ich denke mir das alles nur aus“ oder „Das habe ich in einem Buch gelesen“ oder „Das habe ich im Kino gesehen.“ Ein Klient ging zurück in ein Leben im amerikanischen Bürgerkrieg. Danach sagte er, daß er diese Erfahrung nur deshalb erlebt habe, weil er als Kind soviel über den amerikanischen Bürgerkrieg gelesen habe. Nicht jeder wächst mit der Lektüre über diese Epoche der amerikanischen Geschichte auf. Ich sage, daß er sich deshalb so für diese Epoche interessierte, weil er dabei gewesen war, und nicht, daß er sich wegen seiner Lektüre vorgestellt hatte, dabei gewesen zu sein. Wir werden von den Episoden der Geschichte angezogen, an denen wir teilgenommen haben.

Selbst wenn die Erlebnisse in einer Rückführung aus einem Buch oder einem Film stammen würden — warum ist es gerade dieses Buch oder dieser spezielle Film von all den Büchern, die du gelesen, und all den Filmen, die du gesehen hast? Was immer dein Unterbewußtsein dir gibt, hat einen Grund. Es ist ein Geschenk, das du annehmen solltest. Die historische Genauigkeit einer Erfahrung aus einem früheren Leben ist nicht so wichtig wie die Auswirkung, die diese Erfahrung auf deine gegenwärtige Realität hat.

Auf der anderen Seite haben wir uns alles ausgedacht. Du denkst dir gerade dieses Buch und diese Worte aus. Und warum hast du dir aus den unendlich vielen Möglichkeiten, die dir zu Verfügung stehen, gerade dieses Buch in diesem Abschnitt deiner Reise durch dieses Leben ausgesucht? Welches Geschenk gibt dir dein Unterbewußtsein damit?

Manche Menschen haben soviel Angst, daß sie sich nur

schwer in einen genügend entspannten Bewußtseinszustand versetzen können, in dem die innere Realität erfahrbar ist. Im allgemeinen ist es leichter, mit Menschen zu arbeiten, die schon damit begonnen haben, ihr Bewußtsein zu erforschen. Menschen, die in ihren Ängsten gefangen sind, brauchen vielleicht erst Rebirthing-Sitzungen, bis sie sich so weit entspannen können, die jetzige Realität lange genug loszulassen, um in ein vergangenes Leben zu gelangen. Ich habe von Zeit zu Zeit Menschen, die zu „zugeknöpft" waren, um eine Rückführung zu machen, eine Reihe von Rebirthing-Sitzungen empfohlen. Diese Menschen haben gewöhnlich ungelöste Spannungen aus der Kindheit dieses Lebens, und die können durch Rebirthing aufgelöst werden. Nach einer Serie von Rebirthing- oder Atemtherapiesitzungen sind sie gewöhnlich bereit für die Rückführung.

Zuweilen haben Klienten deshalb so starke Schwierigkeiten mit einer Rückführung, weil sie in der Vergangenheit die Entscheidung fällten, sich nicht zu erinnern. Wenn jemand in einem früheren Leben die starke Entscheidung getroffen hat: „Ich werde niemals zurückschauen", dann kann er keine Rückführung machen. Du mußt dann zuerst eine Rückführung in das Leben machen, das die Quelle für die Unfähigkeit enthält, eine Rückführung zu erleben. Damit kannst du den Verstand austricksen.

In den Mysterienschulen Ägyptens übten wir die Kontrolle des Geistes. Unsere „Feinde" taten das auch. Damals trainierten wir uns so, daß kein anderes Bewußtsein uns stören konnte. Menschen mit diesem Hintergrund sind oft schwer zurückzuführen. Sie sind auch schwer zu hypnotisieren. Wieder muß man zuerst eine Rückführung zu der

Quelle der Blockade machen. Meistens wird die Blockade aufgelöst, und dann kann man mit dem Thema weitermachen, das man eigentlich bearbeiten wollte.

Die größte Blockade gegenüber einer Rückführung ist die Gegenwart einer anderen Wesenheit in der Person, die die Rückführung zu machen versucht. Ich habe ein ganzes Buch über *Clearing* geschrieben *(Heimkehren ins Licht)* und werde es hier nur ganz kurz behandeln, denn die Informationen sind in diesem Buch erhältlich.

Es ist möglich, daß die Energie (Geist) eines Verstorbenen in eine lebende Person eindringt und indirekt durch diese Person „weiterlebt". Wenn das geschieht, kann der Mensch, der eine oder mehrere andere Wesenheiten mit sich herumträgt, keine Rückführung machen (und nicht gut meditieren), weil er keinen klaren Zugang zu seinen eigenen inneren Erfahrungen hat. Er ist buchstäblich blockiert. Wenn diese andere Wesenheit einmal befreit ist, hat er gewöhnlich keine Schwierigkeiten mehr, Zugang zu den Informationen seiner vergangenen Leben zu finden.

Als ich in Manhattan meine eigene Praxis für Reinkarnationstherapie hatte, klärte ich routinemäßig die Anwesenheit von anderen Wesenheiten ab und machte mit jedem, der zum erstenmal zu mir kam, ein Clearing. Manchmal gelang es einem Klienten, eine Rückführung zu machen, obwohl noch eine andere Wesenheit anwesend war. Es hat jedoch immer eine vorteilhafte Auswirkung auf den Klienten, wenn die andere Wesenheit befreit und zurück ins Licht geschickt wird, ganz gleich, ob ihre Gegenwart auffällige Probleme verursacht hat oder nicht.

Alle Arten von Rauschgift machen Rückführungen nahezu unmöglich. Das Harz des Marihuanas umschließt die Synapsen der Nerven und betäubt das Nervensystem für etwa sechs Monate. Kokain und LSD bleiben jahrelang im Körper. Viele von uns haben durch Drogen gelernt, daß es andere Realitäten gibt, doch jeder, der sich wirklich dafür entscheidet aufzuwachen, muß das alles hinter sich lassen.

Ich habe oft erlebt, daß Menschen, die sich zu Alkohol oder Drogen hingezogen fühlen, sehr sensibel sind und oft übernatürliche Fähigkeiten haben. Sie brauchen oder mißbrauchen diese Substanzen, um ihre Sensitivität zu betäuben, weil sie nie einen Kontext hatten, auf den sie ihre Fähigkeiten beziehen konnten. Wenn sie zu verstehen beginnen, daß die Dinge, die sie nicht begreifen konnten, vorhersehbare Erfahrungen auf dem Weg des Erwachens sind, finden sie häufig den Mut, ihren Körper zu reinigen und sich mit ihrer Sensitivität zu konfrontieren. Es kann von unschätzbarem Wert sein, mit einem spirituellen Lehrer zusammenzuarbeiten, der die verschiedenen „Stationen" des Weges kennt und den Prozeß des Erwachens begleitet.

Viele von uns haben in anderen Leben schon an ihrem Erwachen gearbeitet. Diese Arbeit ist nicht verloren, obwohl sie in diesem Leben so lange verborgen bleibt, bis wir den Faden aufgreifen. Es gibt verschiedene Gaben oder „Siddhis", wie die Hindus es nennen, die einem auf dem Weg begegnen. Die Gabe der Hellsichtigkeit ist eine von ihnen. All die sogenannten übernatürlichen Fähigkeiten gehören dazu. Unglücklicherweise lenken diese Gaben ab und wirken so unterhaltsam, daß die Gefahr besteht, in einer psychischen Sackgasse steckenzubleiben. Madame Sophia, die hinter ihrer riesiggroßen roten Neonhand auf der unteren Seventh Avenue in Greenich Village sitzt, war vielleicht in ihren letzten drei Zigeunerinkarnationen „Handleserin und Beraterin“. Wenn man mit übernatürlichen Fähigkeiten oder mit Sensitivität geboren wird, heißt das nur, daß man schon einmal an sich gearbeitet hat. Gehe jetzt weiter. Es liegt noch so viel vor dir. Es gibt immer noch mehr zu entdecken.

Kapitel 7

Zum Schluß

Jetzt hast du die Mittel und das Wissen, mit karmischen Verhaltensmustern umzugehen, wenn sie auftauchen. Du kannst erkennen, wo das Zellgedächtnis reagiert, und es verwandeln. Du mußt dich nicht länger von den „Programmen“ deines Computers aufhalten lassen. Du kannst zu dem übergehen, weswegen du hergekommen bist. Du hast dich selbst in das karmische System eingebracht, und du kannst dich wieder davon befreien. Du kannst dir ganz pauschal verzeihen. Es gibt sowieso nichts, was verziehen werden müßte. Du hast niemals etwas getan! In Wahrheit bist du gar nicht der Handelnde. Letztendlich bist du nicht derjenige, der in dieser Dimension agiert. Wir sind einfach Bewußtsein. Wir sind nicht getrennt. Wir sind, wie Baba Muktananda sagte, „das Spiel des Bewußtseins“.

Wir müssen nicht so lange weiter Karma erschaffen, bis wir die Wahrheit realisieren, daß wir als getrenntes Individuum nicht existieren. In unserem täglichen Leben haben wir viele Gelegenheiten, neues Karma zu erschaffen. Wir haben die Möglichkeit, auch weiterhin die karmischen Verhaltensmuster zu leben, die wir unbewußt ausgespielt haben. Und wir haben die Möglichkeit, karmische Verhaltensweisen zu Ende zu bringen. Oder wir wachen auf, erkennen die Illusion, in der Karma existiert, und verwandeln das ganze Karma auf einmal.

Wir wollen einen Augenblick darüber sprechen, wie man neues Karma erschafft. Wenn du dieses Buch liest, gehörst du sicher nicht zu der Sorte Mensch, die Banken ausraubt oder kleinen, alten Damen auf der Straße die Geldbörse stiehlt. Aber wie steht es mit deiner Steuererklärung? Vielleicht hast du dort ein bißchen gemogelt oder das Geld, das dir der Kellner zu viel herausgegeben hat, behalten? Wahrscheinlich würdest du keinen Menschen mit dem Messer erstechen, aber wie steht es damit, den Ruf eines anderen oder die Zuneigung anderer zu ihm durch Klatsch und eine scharfe Zunge zu ruinieren? Du brichst bestimmt nicht in die Häuser von anderen Leuten ein, um deren Eigentum zu stehlen, aber würdest du nicht ein Handtuch oder einen Aschenbecher aus einem Hotel mitnehmen oder ein paar Bleistifte aus dem Büro?

Das erinnert mich an die Geschichte, wo ein Mann eine Frau fragt, ob sie für eine Million Dollar mit ihm ins Bett ginge. Nach einigem Zögern willigt die Frau ein. Dann fragt er, ob sie auch für zehn Dollar mit ihm ins Bett ginge. Sie wird wütend und fährt ihn an: „Wofür halten Sie mich eigentlich? Für eine Hure?" Er sagt: „Das haben wir doch schon klargestellt. Jetzt handeln wir nur noch den Preis aus." Es ist dasselbe. Du würdest sicher nie mit einer Pistole in ein Restaurant gehen und es ausrauben, doch wenn der Kellner vergessen hat, dir etwas zu berechnen, was du gegessen hast, oder sich bei der Rechnung zu deinen Gunsten verrechnet hat, dann siehst du zu und sagst nichts — es ist nur eine Frage des Grades.

Wenn du dir Dinge ausgeliehen und vergessen hast, sie zurückzugeben — dann gib sie zurück. Wenn du dir Geld geliehen hast — zahle es zurück oder mache mit den Leuten einen Termin aus, wann du es zurückzahlst, und halte dann dein Wort. Wenn du dich über einen anderen ärgerst — sage es ihm und keinem anderen. Wenn du rachsüchtige oder neidische Gedanken wegen eines anderen hegst, dann realisiere das und versuche, deine Gedanken auszubalancieren.

Paul Lowe schlägt vor: „Nimm in dem Augenblick, in dem du über einen anderen Menschen urteilst, dein Bewußtsein zu Hilfe, um dieses Urteil auszubalancieren. Kläre in diesem Augenblick dein Karma. Wenn du eine Unausgeglichenheit verursacht hast, dann gleiche sie wieder aus." Tue das auf die Art und Weise, mit der du zurechtkommst. Du bist sowieso derjenige, der das Spiel spielt. Gehe jedoch nicht in die Falle, dich selbst wegen des Urteilens zu verurteilen. Akzeptiere dich da, wo du stehst, und lasse los. Wir schaffen in erster Linie dadurch Karma, daß wir uns selbst negativ beurteilen.

Ein Teil der EST-Technik, die Werner Erhard beschreibt, bezieht sich auf das Thema „Verüben / Verschweigen". Werner weist auf Folgendes hin: Wenn du einem anderen etwas angetan hast (etwas Unrechtes) und das weder zugibst noch die Verantwortung dafür übernimmst, wenn du es also verschweigst, wirst du den anderen dazu veranlassen, dir etwas anzutun, damit du ihn schlecht machen und damit rechtfertigen kannst, was du ihm ursprünglich angetan hast. (Vielleicht willst du den letzten Satz noch einmal lesen, wenn er neu für dich ist. Ich versuche, ihn zu erklären).

Das bedeutet: Ich mache einen Fehler bei der Arbeit, der meinem Chef Probleme bereiten wird oder die Gesellschaft Geld kostet, und gebe diesen Fehler nicht zu (ich bin so davongekommen), dann werde ich aus meiner verletzten Integrität heraus den Chef oder die Gesellschaft dazu veranlassen, mir etwas anzutun (mein Gehalt kürzen, ein kleineres Büro anweisen, meine Verantwortung vergrößern, ohne mein Gehalt entsprechend anzugleichen usw.), wofür ich sie dann schlecht machen kann. Damit rechtfertige ich, daß ich meinen eigenen Fehler verschwiegen habe. All das geschieht unbewußt. Das klassische Beispiel dafür ist der Ehemann, der eine geheime Liebesaffäre hat. Seine Frau beginnt ebenfalls eine Affäre, was er jedoch herausfindet. Der Ehemann wird häufig seiner „gerechten Entrüstung" freien Lauf lassen und seine Frau schlecht machen, obwohl er dasselbe schon viel länger getan hat. Seine natürliche, persönliche Integrität wirkt sich so aus, daß seine Frau ihm das antut, was er ihr angetan hat. Dann kann er böse auf sie sein und seine ursprüngliche Tat rechtfertigen.

In der Gruppe, die sich während meiner Zeit im Führungsstab der Organisation zum EST-Lehrer ausbilden ließ, befand sich ein Mann, der sieben Jahre lang der Übersetzer Baba Muktanandas gewesen war. Ich war gerade dabei, die Verbindung zwischen der Verüben/Verschweigen-Technik und dem Karma zu entdecken, und da ich von Dr. Jains Hintergrund im Siddha-Yoga wußte, erzählte ich ihm von meiner Entdeckung. Er bestätigte sie, indem er sagte, daß das Verüben/Verschweigen tatsächlich der Kern des Karma-Gesetzes sei. Das bedeutet: Wenn du jemandem etwas antust, dann wirst du dafür sorgen, daß dir etwas geschieht, was deine Tat ausgleicht. Derjenige, der seine Frau einst geschlagen hat, wird in einem anderen Leben die geschlagene Frau sein.

In meiner Praxis erlebte ich später, daß die karmischen Folgen viel ernster waren, wenn man ein Vergehen in einem Leben nicht zugegeben hatte (nochmal davongekommen war), als wenn man es eingestanden hatte und in jenem Leben dafür bestraft worden war. Wenn die Frau noch einmal davongekommen ist, obwohl sie ihren Mann vergiftet hat, weil jeder an eine Herzattacke glaubt, ist es viel wahrscheinlicher, daß sie sich ein „schlechtes Karma" mit Männern schafft. Wenn der Ratgeber des Königs entweder durch ein Komplott gegen den alten König oder durch Mord selbst zum König wird und wenn er nie entdeckt oder bestraft wurde, dann wird er in den folgenden Leben viel härter mit sich verfahren. Vielleicht läßt er sich selbst von einem Mitarbeiter aus einer hohen Position verdrängen, um seine Übeltat auszugleichen.

In einigen Kulturen wurden Handlungen akzeptiert, die für unsere persönliche Integrität nicht wirklich akzeptabel sind. Deshalb wurden wir nicht bestraft. Wir werden uns jedoch selbst bestrafen. Obwohl der römische Soldat es völlig in Ordnung fand, Frauen zu vergewaltigen, konnte Annie das auf einer bestimmten Ebene nicht akzeptieren. Jahrhunderte später glich sie diese Handlung aus, indem sie sich als Frau von Männern mißbrauchen ließ.

Kein neues Karma also. Wenn du etwas tust, was du nicht in Ordnung findest, oder wenn du so etwas in der Vergangenheit getan hast, dann bereinige es. Wenn du als Kind oder Jugendlicher Geld gestohlen hast, dann gib es zurück. Wenn das nicht möglich ist, dann finde eine Möglichkeit, die Sache in Ordnung zu bringen. Vielleicht spendest du die gleiche Summe einem Wohltätigkeitsverein und begleichst so deine Schulden. Finde einfach einen Weg, die Sache auszubalancieren, und dann lasse sie los.

Dann ist da noch die Sache mit den karmischen Verhaltensmustern, durch die wir alle gegenwärtig beeinflußt werden. Vielleicht hast du auf diesen Seiten einige deiner eigenen Verhaltensmuster entdeckt. Du kannst die Rückführungstechnik dazu verwenden, diese Muster loszulassen. Du kannst deine Träume dazu gebrauchen. Du kannst sie auch einfach so loslassen. Deine Muster haben ihren Dienst erfüllt. Du brauchst sie nicht mehr. Wenn du erkennst, daß du in so einem Muster gefangen bist (irgend jemand oder irgendeine Situation drückt einfach die Taste B 8 auf deiner speziellen Musicbox, und die alte, vertraute Platte spielt wieder in deinem Kopf), dann versuche, dich zu stoppen. Halte einfach an. Beobachte das Muster, anstatt es auszuagieren. Wenn du dich stoppst und das Muster beobachtest, wirst du eine gewisse Distanz bekommen, und das wird dir helfen, dich weit genug von der mechanischen Reaktion zu entfernen, um eine neue Perspektive zu gewinnen. Du bist nicht dein Muster. Deine Gedanken sind nicht die Wahrheit. Die „Platte" hat so oft gespielt, daß wir den „Liedtexten" zu glauben begannen. Wieder ist Meditation eine große Hilfe, um die Erfahrung zu machen, daß wir nicht unsere Gedanken sind. Die Meditation erlaubt uns, unser Selbst von unserem Ego zu unterscheiden.

Das Ego will die Trennung. Das Ego definiert sich als Einzelwesen. Mein Lehrer Michael Barnett sagt: „Das Ego dramatisiert." Jedes Drama wird vom Ego produziert, aus der Vereinzelung entstehen all die Geschichten. Wir hängen so an unseren Geschichten, an unseren Dramen. Das war einmal angemessen. Das Ego hat uns unser Spiel auf der Erde ermöglicht. Ohne das Ego wäre das Spiel der Dualität unmöglich gewesen. Kein Experiment in menschlicher Form wäre möglich ohne das Ego.

Ohne Vereinzelung, ohne Getrenntheit gibt es keine Geschichten, keine Kriege, keine Intrigen, kein Versagen und keine Romanzen. Die Illusion der Getrenntheit hat uns erlaubt, all die Dramen auszuagieren, die wir gelebt und geliebt haben. Alle Dramen, die je geschehen sind, basieren auf der Illusion eines vereinzelten „Ich". „Ich" kämpfe gegen „meine" Feinde. „Ich" rette „mein" Land, „mein" Kind, „mein" Leben. „Ich" gewinne die Hand „meiner" Frau gegen „meinen" Rivalen. Oder wir dachten ein bißchen umfassender und dehnten den Singular „ich" zum Plural „wir" aus: „Wir" haben „unser" Land vor den bösen Eindringlingen geschützt. „Wir" haben „ihren" Gott gestürzt und „ihnen" den „unseren" vermittelt. „Wir" haben die Welt für die Demokratie gesichert („unser" politisches System gegen „ihres", „unsere" Religion gegen die „ihre").

Werner Erhard zeigte auf, daß wir in einer „Ich-oder-du"-Welt leben. Selbst wenn wir andere miteinschließen und „wir" oder „sie" sagen, bedeutet das immer noch Vereinzelung. Werner sagt, daß es an der Zeit ist, eine „Ich-und-du" („Wir-und-sie")-Realität zu schaffen. Das wäre ein Schritt in die richtige Richtung. Glücklicherweise beginnen wir, die Idiotie der Aufrüstung zu erkennen. Unsere Politiker realisieren, daß die Nationen zusammenarbeiten müssen, um den Planeten zu schützen, den wir uns alle teilen. Wie Roger Waters in einem meiner Lieblingslieder sagt: „Die Gezeiten kehren sich um."

Unsere Illusion der Getrennheit hat sich auch auf den Planeten ausgedehnt. Wir haben vergessen, daß wir von unserer Umgebung abhängig sind, wir haben uns von

Mutter Erde getrennt und werden nun mit dem Resultat dieses Fehlers konfrontiert. Die meisten sogenannten primitiven Kulturen haben diesen Fehler nicht begangen und leben in Einheit mit der Natur.

Es ist nicht unser Ziel, in einer „Ich-und-mein"-Welt zu leben. Um nach Hause zu kommen, um frei zu sein und die Wahrheit letztendlich zu leben, müssen wir erlauben, daß sich die Illusion der Getrenntheit auflöst. Wir müssen zur Einheit zurückkehren. In Wahrheit gibt es kein „du" und kein „ich". Es gibt nur das „Sein". Es gibt nur den Einen.

Wie so viele andere in der New Age-Bewegung habe ich den Satz gelehrt: „Du bist Gott." Nachdem ich Michael Barnett gehört hatte, erkannte ich, daß dieser Satz falsch ist. Der Irrtum besteht darin, daß wir annehmen, es gäbe ein „Ich". Diese Aussage ist korrekt und auch wieder nicht. Vielleicht zuckt deshalb ein Teil in uns zusammen, wenn wir Shirley Mac Laine in *Tanz im Licht* am Meer diesen Satz sagen hören oder wenn er als Schlagwort: „Du bist Gott" in New Age-Kreisen die Runde macht. Möglicherweise gründet sich unser Gefühl der Häresie gar nicht auf unseren restriktiven religiösen Hintergrund, sondern auf unser schlafendes Wissen um die Wahrheit. Es ist vielleicht wahrer, wenn man sagt: Das „Ich", das mein Ego geschaffen hat, ist Teil des Nichts, das Gott genannt wird. Wenn sich dieses „Ich" aufgelöst hat, wirst du, gleich Jesus, sagen können: „Der Vater und ich sind eins."

Die Arbeit mit früheren Leben ist deshalb so wertvoll, weil sie dir dabei helfen kann, das „Ich" aufzulösen, das du geschaffen hast. Sie ist außerdem eine ausgezeichnete Therapie. Als Therapie werden dir die Rückführungen helfen, die Szenerie deines „Films" neu zu ordnen. Du kannst eine unangenehme Szene gegen eine angenehme eintauschen, eine Tragödie in eine Komödie verwandeln, eine Geschichte der Isolation und des Leides in eine Geschichte wahrer Liebe und Romantik, doch heißt das, daß wir immer noch einen Film gegen einen anderen austauschen.

Als spirituelles Werkzeug verhilft dir die Reinkarnationstherapie zu der Erkenntnis, daß du der Schöpfer des Films bist, so daß du deine Filme bewußt und nicht mehr unbewußt erschaffen kannst. Du mußt dich nicht länger mehr von deinem eigenen Film in die Falle locken lassen — du kannst ihn schneiden.

Dies ist ein Schritt in die Richtung, überhaupt damit aufzuhören, Filme zu erschaffen. Ohne Ego gibt es kein Karma. Karma gründet sich auf die Illusion eines vereinzelten „Ichs" — auf einen „Täter". Wir glauben, daß wir ein ganz bestimmtes Bewußtsein sind, das etwas getan hat, etwas, das wir ausbalancieren müssen. Das sind wir nicht. Wir sind keine Einzelwesen. Ohne Täter gibt es kein Karma. Wenn sich das Ego im Ozean des Bewußtseins auflöst, wenn wir zu unserer eigenen Nicht-Existenz erwachen, ist alles Karma zu Ende.

*****

Ich bat um eine Durchgabe, um das Buch zu beenden. Hier ist die Information, die ich gechannelt habe:

Es ist nicht schwer, von Karma zu Gnade zu gelangen. Du mußt begreifen, daß du nicht das Opfer der Gesetze eines fremden Universums bist, sondern das Geschenk empfängst, in einer physischen Dimension leben zu dür-

fen, was das Menschsein mit einschließt. Dieses Geschenk ist dir gemacht worden. Du hast den Raum bekommen. Derweil schläft deine wahre Natur.

Du hast deine Einheit mit allem Bewußtsein vergessen. Du hast in der Dimension, mit der du dich gegenwärtig identifizierst, viele Erfahrungen gesammelt. Es ist hilfreich, wenn du auch die anderen Erfahrungen untersuchst, mit denen sich dein Bewußtsein identifiziert hat, denn es gibt Verhaltensmuster und Mißverständnisse, die du dir angeeignet hast und die du loslassen könntest. Wenn du diese Muster und falschen Gedanken über dich und die anderen aufgibst, kannst du dein menschliches Selbst viel angenehmer, in größerer Fülle und deiner wahren Natur viel angemessener erfahren.

Wir ermutigen dich, den Erfahrungsschatz zu erforschen, der in dir existiert. Du bist auf der Reise der Selbsterkenntnis. Bald wirst du aufwachen und deine Einheit mit allem Bewußtsein entdecken. Du bist ein Wassertropfen, der wieder mit dem Ozean des Bewußtseins verschmilzt, aus dem er einst gekommen ist.

Der Wassertropfen, der von der Oberfläche des Ozeans aufspritzt, scheint für den Augenblick, den er in der Luft verweilt, eine eigene Form zu haben. Du bist wie dieser Wassertropfen. Du hast jedoch ein Ego. Du hast einen Verstand. Das Ego und der Verstand haben dir die Illusion vermittelt, daß sie wichtig sind. Sie haben dich davon überzeugt, daß du getrennt existierst und dich vom Ozean unterscheidest. Deiner natürlichen Regung als Wassertropfen zufolge würdest du dich am liebsten in den Ozean zurückfallen lassen. Deine Essenz unterscheidet sich nicht von der Essenz des Ozeans, aus dem du gekommen bist.

Dein Verstand hat viele Geschichten erfunden, während du in der Illusion lebtest, ein Einzelwesen zu sein. Vielleicht kann die Erforschung einiger dieser Geschichten den Griff lockern, mit dem diese Illusion dein Bewußtsein von deiner wahren Identität umklammert hält. Du hast jedoch keine Wahl. Du kannst soviel argumentieren, wie dein Ego will, du wirst trotzdem in den Ozean zurückfallen. Die Meinungen und Theorien deines Verstandes werden daran nichts ändern. Dein Schicksal entschied sich in dem Augenblick, als du den Ozean verließest. Du kannst nur in dein wahres Selbst zurückfallen. Keine Theorie und keine Meinung kann dir dabei helfen oder das verhindern. Sie können dich nur unterhalten. Laß dich nicht von der Unterhaltung absorbieren, die dir dein Verstand anbietet. Du wirst nach Hause kommen. Wir jubeln über das Geschenk, das all diejenigen, die sich in der Illusion einer getrennten, persönlichen Identität verloren haben, nach Hause in den Ozean der Einheit bringt, der sie in Wahrheit sind. Freue dich an der Unterhaltung. Nimm sie nicht ernst. Du kommst nach Hause. Amen.

Nachwort

Die folgende Durchgabe berührt das Thema dieses Buches, und deshalb möchte ich sie mit euch teilen:

... Wir haben uns nicht dafür entschieden, unser Bewußtsein so wie du in einer Form auszudrücken. Du erfährst das Leben in Form gleichzeitig auf vielen verschiedenen Realitätsebenen. In die Form, mit der du dich identifizierst, ist ein Mechanismus integriert, der die anderen Formen und Dimensionen, in denen du auch lebst, für dich unsichtbar macht und dir die Möglichkeit nimmt, sie zu erfahren. Darum dient die Arbeit, die du tust, dazu, dein Bewußtsein zu öffnen, damit du deine eigene Identität, dein eigenes Bewußtsein, vollkommener erfahren kannst. Du hängst noch an Aspekten deiner Form-Identität. Wir wollen dich jedoch ermutigen, diese Identifizierungen aufzugeben, denn es warten noch viele, viele andere Möglichkeiten, die persönliche Identität zu erfahren, auf dich, die sich weit über diese Dimension, diese Form, diesen zeitlichen Rahmen und die Ebene der physischen Existenz hinaus erstrecken, derer du dir gegenwärtig bewußt bist. Es gibt unendlich viele Erfahrungen für dich, die jenseits deiner begrenzten Identifikation mit dem menschlichen Körper liegen, dem nur die Zeitspanne zwischen Geburt und Tod zur Verfügung steht. Du nimmst nur einen extrem begrenzten Teil deiner Ganzheit wahr. Deshalb ermutigen wir dich, die Aspekte dieser eingeschränkten Identität loszulassen, wenn sie an die Oberfläche kommen.

Du hast Angst, daß es nur die Leere, nur das Nichts gibt

und daß du dich darin auflöst und einfach nicht mehr bist. Doch nichts ist weiter von der Wahrheit entfernt. Wenn du losläßt, dann dehnst du dich aus. Wenn du die Begrenzungen aufgibst, erfährst du dich als mehr, nicht als weniger.

Du sperrst dich gegen Erfahrungen, die deine vertraute Identität verändern. Du fürchtest, daß diese Erfahrungen deine begrenzte Identität auflösen, doch wir fordern dich auf dich ihnen hinzugeben, denn dann wird alles viel offener für dich sein, du wirst mehr Möglichkeiten haben und dich viel umfassender erfahren. Du hörst nicht etwa auf zu sein, sondern wirst erfahren, daß du den Großteil deiner selbst abgespalten hattest, indem du dich mit dieser einen Form identifiziertest.

Gegenwärtig operierst du fast ausschließlich durch deinen linearen Verstand. Und dieser Verstand schafft die lineare Zeit. Er erschafft die Funktion der Zeit, in der er operiert. Es gab für dein Sein, dein Selbst, von dem die meisten von euch bis jetzt kaum einen Blick erhascht haben, kurze Zeiträume, in denen es sich trotz des linearen Verstandes außerhalb der Zeit befand. Das ist dein wahres Selbst. Diese Augenblicke sind bedeutender als ein ganzes Leben, wie es der lineare Verstand sieht.

Das ist vielleicht für deinen linearen Verstand schwer zu verstehen. Wir bitten dich, dich mit unserer Energie zu verbinden und diese Kommunikation jenseits deines Verstandes so gut wie möglich zu erfahren. Wir möchten zu einem Aspekt deiner selbst sprechen, der nicht deinem Verstand unterworfen ist.

Du hast dich für einen Mechanismus entschieden, der Verstand genannt wird. Du hast entschieden, ganz inten-

siv die Erfahrung zu machen, eingeschränkt zu sein. Diese Übung, diese Erfahrung wolltest du machen. So als ob du dir einen Film ansehen willst und ins Kino gehst, dich hinsetzt und von dem Film – wenn er sehr intensiv ist – so gefangen genommen wirst, daß dein ganzer Körper an der Erfahrung teilhat. Wenn der Film zu Ende ist, gehst du aus dem Kino, und wenn er dich sehr gefesselt hat, wirkt er sich auch dann noch auf dich aus, wenn du das Kino schon verlassen hast. Diese Erfahrung gleicht der Erfahrung, sich in einem Körper zu bewegen und sich von dieser Erfahrung fesseln zu lassen. Dein wahres Selbst, dein wahres Sein, will weiter, will aus dem Kino gehen, sich von der physischen Realität lösen, zurück in dein wahres Leben, das jenseits der Erfahrung des Films der physischen Realität liegt. Und wenn du das tust, wird die Erfahrung des Films nach und nach verblassen, doch der Einfluß auf dich wird etwa derselbe sein, den ein gutgemachter Film auf dich hat, selbst wenn die Geschichte schon längst aus deinem Gedächtnis verschwunden ist.

Wie wir dir bereits gesagt haben, gibt es viele, die der Ansicht sind, daß der Film, um bei dem Beispiel zu bleiben, der vom kollektiven Bewußtsein jener Wesen geschaffen wurde, die die Erfahrung der Körperlichkeit machen wollten, daß dieser Film das Potential entwickelt hat, extrem gewalttätig zu sein, so daß die Auswirkung auf die Wesen im Kino, wenn ihr so wollt, nicht von Nutzen sein könnte. Das Verlassen des inneren Kinos könnte weniger wünschenswert und viel störender sein, als sie das ursprünglich angenommen hatten.

Wir finden einen nuklearen Krieg, ausgedehnte Hungersnot, ein weiteres Abgleiten des Selbstes in die Illusion der persönlichen Identität und persönlichen Macht letztendlich nicht hilfreich. Deshalb versuchen wir, dich zu erinnern, dir auf die Schulter zu klopfen, während du im Kino sitzt, um dir ins Gedächnis zu rufen, daß das eine Illusion ist, daß es in Wirklichkeit du bist, der die Geschichte schreibt, und daß du den Handlungsablauf vielleicht ein wenig verändern willst.

Obwohl es nur eine Illusion ist, beeinflußt das Kino die angrenzenden Dimensionen, und wir würden es wenig nützlich finden, wenn es eine Störung in der Struktur des physischen Universums gäbe, denn das würde eine Störung der angrenzenden Universen hervorrufen.

Wenn du dich bitte erinnern möchtest, weshalb du gekommen bist! Du bist derjenige, der sich seinem Nachbarn zuwenden und ihm auf die Schulter klopfen wollte.

Wir sind mit dir. Wir sprechen dir unsere Anerkennung aus. In vieler Hinsicht wähltest du aus deiner großen Liebe den härteren Weg als wir, die wir uns nicht dafür entschieden haben, eine Form anzunehmen. Unsere Liebe ist mit dir.

Zum Buch die Kassette

Rhea Powers
und Prana

Rückführung in „vergangene“ Leben

ch. falk-verlag

ISBN 3-924161-37-2

Rhea Powers

arbeitet seit 1978 als Past Life-Therapeutin und Rebirtherin in USA und in Europa. Sie stellt sich als Mittlerin zu höheren Bewußtseinsebenen zur Verfügung; und sie ist in der Lage, Menschen von fremden, negativ wirkenden Energien zu befreien. Man nennt das *Clearing*.

Darüber hinaus bildet Rhea zusammen mit ihrem Mann Gawain andere spirituelle Lehrer aus, um das Netzwerk der internationalen Gruppe von *Lichtarbeitern* zu verstärken.

Ihre vielseitige, segensreiche Tätigkeit dient dem Zweck, anderen dabei zu helfen, sich als das *wieder*zuerkennen, was sie schon immer waren: Spirit, manifestiert in Form.

Bisher erschienen von Rhea Powers und Gawain:

Aufruf an die Lichtarbeiter
Zeit zur Freude
Heimkehren ins Licht
Erde im Wandel
Durch's Feuer

Kassetten:

Rückführung in vergangene Leben
Der Sinn deines Lebens
Kali-Meditation

Für weitere Informationen über Rheas Arbeit in Europa wende man sich bitte an folgende Adresse

The Kumara Connection Association
Felix Ciocarelli
Waltikon 14
CH-8126 Zunikon